BOOKS LIFE
斑马書房

我　思　故　我　在

The Education of Man

孩子的天性

[德] 福禄贝尔 著
卜涵秋 译

文化发展出版社
Cultural Development Press
·北 京·

图书在版编目（CIP）数据

孩子的天性 /（德）福禄贝尔著 ；卜涵秋译. — 北京 ：文化发展出版社，2024.5
ISBN 978-7-5142-4226-3

Ⅰ. ①孩… Ⅱ. ①福… ②卜… Ⅲ. ①儿童教育－研究 Ⅳ. ①G61

中国国家版本馆CIP数据核字(2024)第067200号

孩子的天性

著　　者：[德]福禄贝尔
译　　者：卜涵秋

出 版 人：宋　娜　　责任印制：杨　骏
责任编辑：肖润征　刘　洋　　责任校对：岳智勇　马　瑶
策划编辑：唐　三　史英男　　封面设计：于沧海
出版发行：文化发展出版社（北京市翠微路2号 邮编：100036）
网　　址：www.wenhuafazhan.com
经　　销：全国新华书店
印　　刷：河北朗祥印刷有限公司

开　　本：880mm × 1230mm　1/32
字　　数：97千字
印　　张：6.5
版　　次：2024年5月第1版
印　　次：2024年5月第1次印刷

定　　价：68.00元
I S B N：978-7-5142-4226-3

目录 Contents

Chapter 1 /

教育要遵循天性

孩子的
天性

教育要遵循自然

漫步在苗圃、田园、草地和树林的人们，赶紧打开你们的感官，倾听自然的谆谆教诲。看看被你们称为杂草的植物吧，面对压力和束缚，它们努力成长，但几乎没有人注意到它们的内在规律。你们在苗圃、田园和空地上看看它们吧，看看它们表现出怎样的规律性。这些内外协调的生命的内在是多么单纯，它们就像在大地上升起的耀眼的太阳和夜空中闪烁的星星。家长们！在你们违反孩子的本性，对他们最初的形态和天性进行压迫时，他们在你们身边就无法自然和健全地成长。其实他们都可以成长为健全且全面发展的生命。

从人类完美且健全的基本属性来看，凡是绝对、命令式及介入性的教育、教学和教导，一定会产生妨碍甚至毁灭性的影响。所以为了进一步从自然中获得利益，应该对葡萄藤进行修剪，但修剪本身不会影响葡萄藤结果。不过，倘若园丁没有顺应葡萄的本性，即使他的修剪出于善意，也可能会破坏葡萄藤，至少会影响其果实和产量。在对待自然事物方面，我们通常处理得非常好，但是面对人时我们往往会走弯路。所以对人而言，注重自然和观察自然也是非常重要的。

但由于自然很少能对我们表现出那种未被破坏的原始状态，所以我们就会假设人身上存在这种状态，直到出现反面情况。因为这种健全、未被破坏的原始状态非常容易遭到破坏，不过只要确定所有被教育者的原始状态都遭到了破坏，内部和外部整体就会明显地表现出遭到破坏的情况，于是直接规定、要求的教育方式才有理由出现。

然而内在受到破坏的迹象很难被确认，至少很难确认遭受破坏的地方的起源以及所发展的方向。但就其本质来讲，最可靠的试金石还是在于人自己身上。所以就这一点来说，教育、教学和教导应该是容忍的、顺势而为的，而不是绝对的、强制性的。如果只采用后一种教育模式，人类恐怕很难保持真正持续而稳定的进步。而这种进步就是万物根源在人身上的体现，人类使命以及各种教育和生活所努力的目标就是人类拥有自由和自律的生命。

因此，一旦从根源和方向上都证实某个儿童原始而健全的状态受到了干扰和破坏，那么就要把他带到一个可以从各个方面观察自己的环境中，如同照镜子那样，通过观察自身的行为，轻松且迅速地发现自己的问题，并借助他人认识自己的真实状态，从而将内在生命遭受的干扰和破坏降到最低。

遵循天性的教养

因此，从各方面对人身上原本的精神进行培养，在瞬息中表现永恒，在有限中表达无限，是所有教育、教导和教学的唯一目的与目标。所以从儿童降生的那一刻起，就要用这个由人而来的唯一真实观点去看待他。每个人在小时候都应该被认识、被承认并被培养成为人类不可或缺的一员。而父母应该站在监护者的立场，感受并认识到自己对孩子和人类所负的责任。同样，父母在看待自己的孩子时，也应该对人类发展的过去、现在和将来的必要联系加以重视。而儿童的教养和教育也应该与人类发展的过去、现在和将来的要求结合起来，保持协调统一。就像人不仅具有精神力量，还具有尘世的人性本质，所以应该被这样对待和重视。同时儿童本身就包含着一种统一体、个体和多样性的东西，并包含着过去、现在和未来的东西。

那种把人类的发展和养成视为静止的、完结的，并且以更大的普遍性不断重复的观点，是一种不利于所有表现的看法。因为如此一来，儿童以及每一个后代，都会变成只知道模仿、毫无生命力的仿制品，仿佛只是先前事物的复制品，而不是一种在人类发展中，有着自己成长阶段，且为了未来以及所有未来世代不断发展的榜样。所有后继的人类，以及其每一个后代，都应该经历人类先前的发展和成长。如果他们没有经历过这些，就无法了解先前的世界。他们不应该采取模仿、复制和抄袭的既有途径，而应该采取主动、自由发展和培养的灵活途径。任何人都更应该为了成为自己和他人的榜样而不断地展现自我。因为作为人类一员，都包含且体现着完整的人性。不过这是以一种特殊的、个人的、独一无二的方式在每个人身上表现出来的，而且它应该以这种方式呈现。如此一来，它的无穷、永恒以及多样性便包含了人性的本质，而且被越来越多的人所认识和觉察，被越来越生动且明确地感知。

要坚持这种唯一充分的、详尽的、涵盖一切的关于人的认识，以及对人与人之间本质的了解，因为这样才可以推导出所有关于人的教养和教育的必要知识。这也是认真探索时不可或缺的知识。只有坚持这种从一个人宣告他出生起就开始的观点，才能使真正严谨的人的教育和教养开花、结果、成长、繁荣。

不过，倘若儿童、家庭成员都能够以最全面、最明白、最充分甚至最独特的方式将自己发展和表现出来，那么，身为社会成员的人，也就能以最纯粹且全面的方式把人类的整体本质（哪怕这里所拥有的是并没有得到普遍认识和认可的东西）呈现出来。要做到这一点，人在自我成长和养成的过程中就要遵循正确的方法和规律。

Chapter 2 /

儿童时期

孩子的天性

婴幼儿的成长和教养方式

自儿童降生伊始，就应该正确对待他，而且必须根据儿童的特质理解他，使他可以自由、全面地运用自己的力量。千万不要因为他使用某些力量和肢体而枉然地消耗其他力量阻碍孩子发展。儿童既不应该受到部分的束缚和钳制，也不应该在成长的过程中被约束，而是应该让其发现自己所有力量和肢体的重心、支点，然后能够安稳、自由地活动，并学会如何休息。他们还要学会用自己的双眼观察和发现，用自己的双手抓取和握持，用自己的双脚站立和行走，均衡地使用自己的肢体。除此以外，儿童还应该尽早学习一切本领中最强且最难的部分并及早加以运用和练习：就算在各种偏移、干扰和阻碍之下，依然能够把握住自己人生道路的重心和支点。

儿童最初的外在表现就是对力的应用。于是，有的儿童会踩踏顶住他双脚的东西，还有的会抓握他双手可及的物件。进行这样的动作后，儿童便会得到一种普遍的感受。于是在温暖、明亮的光以及清新纯净的空气中，儿童便会开心地笑起来。这就是儿童——处在人生某个端点的人——最开始产生的自我意识。所以，人的生命的最初表现是：笑和哭，平静和不安，高兴和痛苦。笑、平静和高兴代表着儿童的所有感受中一种最纯净无瑕的触动，这感受与他的本质、人的本质、儿童的生命、人的生命相适应，并且不断发展，而最初的教育、生命发展、生命提升和生命表现则必须与对孩子的培养和保护联系起来。哭、不安和痛苦代表着一切与儿童成长背道而驰的东西。教育应该顺应儿童感受的发展，而不是用反对、疏远的方式发挥着不好的作用。

所以，教育者必须努力发现引发不好感受的原因，并把它们消除。在最开始表现出哭、不安和痛苦时，儿童几乎不知道任何的偏执和任性。然而，一旦这个小生命像一株植物所表现的那样产生出一种基于任性、散漫、懒惰的冲动，那么这种偏执和任性就会生根发芽。一旦将不快的感受灌输给儿童，并就此在儿童的心中滋生了任性这一人性中恶劣的性格，随之而来的便是对儿童及儿童对身边人的伤害，并且很难在不伤害人类其他较好素质的前提下将其消除。不久之后，这一切就会成为欺骗、虚伪、任性、执拗和各种既可悲又可恨的过错的温床。

然而就算实行了别的正确途径，人在方法和形式方面也可能犯错。

就人类发展而言，我们会从忍受无关紧要的苦难，逐渐发展到忍受巨大的、毁灭性的苦难和压力。所以，如果儿童的父母和身边的人都拥有坚强的信念，那么他们就会把一些哭、不安的孩子现在所需要的东西放在他们的面前，同时把所有负面的或可能不利的事情都排除在外，然后他们应该会将这个哭泣不安的孩子置于一旁，放任他自己去寻找。因为儿童一旦学会假装自己很痛苦、很难以忍受，并用这种方法迫使别人参与或提供帮助的话，那么父母和周围的人以后就会失去许多用强制的方式无法让孩子重新获得的品质。

儿童对于周围人的弱点有一种异常微妙的感觉，而且拿捏得恰到好处，以至只要用较容易的方式表现出其内在原本活跃且起作用的力量，就能对他人暴露在外的弱点进行控制，而不需要他依靠自身的忍耐和作为来表现和训练自己。

婴儿和外界的关系

婴儿也被称作乳儿，因为吸吮几乎是婴儿阶段仅有的活动。而上述的表现，不管是哭还是笑，都还停留在吸吮活动直接而不可分别的作用之内。此时，人只会从外界吸收各种各样的东西到内在，在这个阶段，整个生命与世界的感知都在这双观察外界的眼睛里。就是这个最初的发育阶段，对于人类的现在及未来来说，重要性难以言喻。在此阶段的人不应该吸收任何低俗、暧昧、病态、恶劣的东西，这对一个人的现在以及未来发育都很重要。所以，婴儿周围的人都应该拥有纯真的眼神和面部表情，每个人都要坚强、镇定，这样才能唤醒和培育孩子的信任感。

另外，不管婴儿周围环境多么简陋，纯净的空气、明亮的光线、清净的空间都是不可或缺的。因为人的整个生命就如同一双睁大的眼睛，吸收着一切事物，所以有的人终其一生都无法摆脱幼年时所“吸收”的事物以及在童年时对世界形成的印象。人与自身进行的最艰苦的斗争，乃至后来所经历的不幸和困苦，都能从这一阶段找到原因。所以婴儿时期的养育经历是非常重要的。

有的母亲会亲自为子女哺乳，有的则没有，这对子女未来的人生表现一定会产生影响。母亲都知道，对孩子的第一个微笑，会在孩子人生特定的时间和成长阶段产生影响。至少这个微笑会成为身体自我感觉的最初表达。这第一个微笑的根源不仅存在于身体的自我感觉中，更存在于母子、父子与兄弟姐妹之间，是兄弟姐妹之间产生的一种更为高级的身体感受。

这个共同的、普遍的感觉源自一种更高层次的灵魂融合，从一开始就将儿童和家庭联系在了一起。然后，儿童又被一种无可置疑的感情联系，他意识到自己与父母、兄弟姐妹、其他人甚至人类和万物的法则联系在一起。这种共同感就是真正的情操，一种无法抗拒的法则。真诚的、真正的、活跃的精神信仰，必须在人的婴儿时期出现，它能够经受住危险和斗争、压力和困境、愉快和欢乐的考验。这种精神信仰来自万物的规律，它存在并且已经出现在一部分人身上。必须尽早在人的身上培养、养成、加强这种模糊的感知以及这种朦胧的意识，在未来的教育工作中，更要使其提升、发展为明确的直觉。

所以当母亲深情地注视着打瞌睡的孩子，并把他挪到柔软牢固的床上，同时向神祈求庇护和眷顾时，暗中默默旁观的人就会受到感动，为孩子带来永恒的祝福。

当母亲以感恩且愉快的神情把舒适、微笑、愉快醒来的孩子从床上抱起，并对这宁静安详的一切表示感谢时，仿佛自己正抱着天赐的祝福，会让人既感动又愉快。这举动也非常有益于孩子现在和未来的整个人生，甚至会对母子日后共同生活的阶段产生积极的影响。所以，一个真正爱自己孩子的妈妈，是不会假借别人的手，将疲倦的孩子单独放在床上，或催促刚睡醒的孩子起床的。

一个孩子如果能够得到母亲这样的照料，就等于得到了人、世界和上天的祝福。就像所有新生儿最初的起点那样，人通过精神力量的指导，最终归于这种精神规律，这也是一切的关键。

不过，假设一个人的成长轨迹是从某一个时间突然开始，并持续性前进，且每个部分都非常重视，这对于各种情操在人身上的养成，以及人的整体成长来说都非常重要。如果严格地将人的成长过程划分为一系列不断进化的阶段，将它们视为孤立的部分，并完全忽视其中有一种持续、活跃的生命记号，那么就会产生有害、不利的作用，甚至破坏孩子的成长。所以，对人的成长过程进行划分时，将之分为“婴儿—幼儿—男孩/女孩（儿童）—少男/少女（青少年）—男人/女人（成年人）—老人”几个阶段。而不相信人生像表象显示的那样没有缝隙、彼此关联、环环进展（更准确地说，就是把幼儿、儿童看成与青少年或成年人完全不同的人，甚至完全割裂，乃至觉得它们的共同点只是在概念、理智和词语上的那一点而已），又几乎完全不重视这些共同点，就是错误且毫无益处的。现实就是如此。因为人们在平常的交谈中都持这种态度。他们在谈论幼儿、儿童和青少年时，就像在谈论性质和素质完全不同的异类一样。

截然不同划分的危害

前文所述的这种使各个阶段存在截然不同的严格划分，归根结底是因为对自己的成长和自我意识没有给予持续细致的关注（这种能力应在早年就萌生出来并不断发展）。这种划分对人类的成长产生了无法形容的阻碍和干扰，但这件事只能暗示，无法进行说明。只有具备某种稀有的内在力量，才能将这些人为划分的界限从外部消除。这种界限一般通过强制性的活动（一种具有破坏力或者至少会产生干扰并影响其他成长的活动）才能够突破。所以一个人的每一种生命表现，从前一人生阶段到后一人生阶段乃至整个人生，都具备一种强制性的东西。从各个年纪和成长阶段来说，如果父母没有帮助子女去越过这些阶段的界限，做出某些有效的行为，甚至毫不重视、注意和观察，那么从各方面来说孩子的发展就会有所不同；倘若父母特别留意，每一个后续阶段都有强有力且全面的成长和养成，那么以先前每个人生阶段的成长为基础，孩子的发展也会不一样。这是父母经常忽视的事情。

当孩子的年龄达到儿童标准时，父母就坚定地认为他是儿童了。当孩子的年龄达到青少年或成年的标准时，父母就坚定地认为他是青少年或成年人了。然而，当人只是年龄达到儿童或青少年的标准时，他并不会因此成为儿童或青少年。只有当儿童以及青少年能够切实地达到自己智力、情感和身体的要求时，他们才能成为儿童以及青少年，成年人亦然。有些看似非常明理且出色的家长，不仅会要求幼儿要表现得像儿童和青少年，甚至直接跳过了儿童和青少年阶段，要求幼儿要表现得像成人一样。然而，在幼儿和儿童身上观察到未来的青少年和成年人的萌芽、天赋和缩影都与现实截然不同。将孩子视作成年人，要求幼儿和儿童以青少年和成年人的方式表现自己，并以成年人的方式去感受、思考和行动，孩子们表现出的也会与家长期待的不同。对孩子提出这种要求的父母忽略或者忘记了，从某方面来说，他们正是因为经历过自己要求儿女跳过的那些阶段，才成为现在自以为十分出色的父母。

这样的孩子会给孩子未来的老师带来难以克服的困难。因为有过这种经历的儿童会认为可以直接略过先前成长阶段的各种教育。而比这更糟糕的是：过早地给他制订一个目标，一个从外部规定的、需要模仿和努力的、陌生目标，比如完成某种任务、获得某一职位。总之，幼儿、儿童或者说每个人在各个成长阶段，除了完成该阶段应做的事情外，不应该承担别的任务。这样，每个后续阶段才能像从一个健康的芽苞里冒出的新芽一样，孩子用同样的努力完成该阶段所要求的事情。因为人只有在前一阶段发展和成长完全、充分了，才可能继续完成后一阶段的成长。

对于人要从外部取得成果的活动以及要养成勤奋的态度来说，这一点值得高度重视。

现在许多人对于工作勤奋，以及生产活动的认知，是错误的、死板的，无法唤起智慧也无法培育生命。

劳动教育的重要性

关于劳动、勤勉的早期教育就像早期的精神教育一样，是至关重要的。能将早期劳动的内在意义适当引导出来，对于巩固和提升情操是有益的。一方面，一旦情操深处缺乏劳动和勤勉的特质，目标就会变成空虚的梦想、虚无的想象、危险的幻想；另一方面，没有情操的劳动和勤勉，也会使人变成负重的牲畜或机器。劳动和精神是同时并存的东西，相辅相成，就像是从万物中浮现的规律那样。如果人能明白这一点，懂得这一点的重要性，并在生活中按照这一点进行行动和做事的话，那么人的觉悟立刻就能提升到很高的境界。但是人不可仅死守情操，而是要在发扬劳动和勤勉精神之上，以追根溯源的方式使自己不断成长、发挥自己的能力，对后者来说，就是要节制和节约。精神、勤勉和节制三者如能和谐一致、完美地结合在一起，那么社会就会成为高尚的社会，和平、快乐、幸福和祝福也会随之而来。正如把儿童视为完整的人，把成人和儿童的生命视为一个整体那样，把儿童阶段视为整个未来的活动力开端也是有道理的。人为了完全发展外在及内在的人性，就必须自儿童时期开始对世俗关系的整体性及其一致性加以看待。不过，因为所有整体都以局部显现，且各种全面性都显露出一种前后相连的先后次序，所以对儿童来说，世界和生命也只能以局部和先后次序的方式表现出来。基于此，人的力量、天赋和方向，肢体和感官的活动，也应该按照在儿童身上出现的必然的次序发展。

幼儿感官的发育

虽然外界一直是由同样的事物按同样的结构组成的，但对于刚出生不久的幼儿来说却是一团混乱，如迷雾般朦胧且处于无形的幽暗之中，此时幼儿对外界的感受也都是模糊的。随着幼儿的长大，这些事物会从朦胧中显现出来，而且是以语言为媒介显现。

很早以前，亲子之间就出现了语言，开始时它把幼儿与外界分开了，后来又把二者统一起来。一开始语言是个别出现的、稀少的，后来表现为寻常、多样的完整形式。最终是幼儿自身变成某种独特的与其他事物截然不同的事物。

在人的情感和精神、思想发展和觉醒的历史中，在每个幼儿身上及其经验当中，重复着万物发展和被创造的历史。人先来到美丽的大自然，而后才有所发现。在每个儿童身上，就其本质来说重复着同样的活动。人性随着这种活动被解放，理性活动也由此开始。于是全人类的人性都被解放了，理性活动也全面展开，而且这种活动必然会带来自由。从人类整个发展史的开端到此时此刻或到任意一个时间点，加以认识、感受和体会，是每个人，特别是每个感性且注重自身发展的人的任务。

所以，如果能够做到的话，每个人都应该把自己和他人，以及他人的生命尽早且经常地视为一种持续的、遵照规律而发展的整体来看待。只有通过这种方式，人才可以理解人类发展的历史，以及自己和自己发展的过程、现象和事实，理解自己的心灵、情感、精神的发展历史。只有这样，人才能了解他人，父母才能了解自己的孩子。

把外在变成内在、内在变成外在，并寻求它们的结合，这就是通常表达人的使命的外部形态。所以说，人所面对的每一个外部事物，都在要求人去认识它，并从它的本质和同感官的联系上去承认它。感官为实现认知而服务。而“感官”一词也充分体现了这种自身内化活动的意思。

但是每一种事物和生命，只有把它和它的对立物联系起来，并发现二者的统一性时，它才能真正地被认识。只有认识到这种与对立物的联系，以及对两者统一性的探索，才能使这种认识逐渐完善。

外界的事物往往以固态、气态或液态的形式出现。相应地，人也有固态、气态和液态的感官。

每一种事物都主要以静态或动态的形式出现。与此相适应的是每一种感官也可以分为两种不同的官能，分别用来认识静态和动态的事物。比如，触觉器官用于感受固体，听觉和视觉的器官可以感受气体，对液体的感知则通过味觉和嗅觉器官。

按照通过具体对象认知事物的规律，儿童的听觉器官首先得到发展，之后在听觉器官的影响、刺激和带领之下，视觉器官也得到了发展。父母和周围的人在儿童的这两种感官得到发展后，才能够在后面借助事物本身、语言，以最深刻的方式把事物结合成相互交错的共同存在，并引导儿童去观察这些事物和进一步认识它们。随着感官的不断发展，儿童也同时、同等程度地开始运用躯干和四肢。

官能和肢体的成长

如果外部世界的物体是邻近和静态的，那么就需要人们用静止的态度去看待它们；如果外部世界的物体是疏远和动态的，那么就需要人们去获取、抓取、掌握它们。如果它们关系到静态或动态的时间和空间，就需要人们移动着逐步靠近，因为它们之间存在距离，或者它们是动态变化的，需要人们在移动中进行理解。于是，肢体的功能便进化到坐和卧、抓和握、走和跳。而“站”则是肢体和躯干动作中最基础的一种。“站”需要儿童善用身体重心的平衡。就重要性而言，身体站立相当于初期阶段的微笑、生理上身体的自我觉察，以及人类发展到高级阶段产生的道德、精神上的独立思考。

在这个成长阶段，儿童只是单纯使用自身的器官、感官、肢体，纯粹是本能地使用、运用及练习，而不是有意识地使用身体的器官、感官和肢体以达成所愿。结果对于他而言是无意义的，或者说他对会产生什么目的和结果一无所知。所以此阶段的儿童便开始玩肢体游戏：他的四肢、五官，甚至细微表情及眼神的游戏。

感官和肢体动作的这些游戏，最开始并不是起源于要把真情实感展示出来，这种能力需要到下一成长阶段才能体现。但这些看似不重要的表现实则为儿童最初的情感展现，更应加以重视和照顾，从而避免儿童开始做出习惯性的无原因的表情动作，尤其是面部譬如眼睛及嘴部的细微变化，长此以往容易致使其在身体和精神、表情和感受、外在和内在之间出现分裂。这种分裂不仅会导致虚伪，也会使意志失去对身体合理有效的控制，并且无法消除，最终使其生活在面具里。

因此绝对不能只让儿童在床上或摇篮里躺着，不去接触任何可以触发感官的对象，从而导致身体虚弱及精神上有缺陷。为避免出现这种情况，婴儿床自一开始就不能用太软的材质。枕头也要用细稻秆、稻壳、干草、海藻、马鬃等材料，而不能用羽毛。儿童铺盖的被子也须轻盈透气，这样才有利于新鲜空气的输入，这些都有助于儿童健康成长。

另外，要避免上述情况发生，还应避免儿童睡前及睡后在床上无所事事，最好在他自然视线内悬挂一个鸟笼。活泼的小鸟可以吸引儿童的注意力。

人类的婴儿阶段从其出生开始，一直到其感官、身体和肢体的活动成长到可以把内在精神活动适时、合理地表现出来为止。在进入儿童阶段之前，人的内在表现还是一个混沌的没有多样分类的整体。随着语言的产生，人便开始显示和表达内在，从而形成了区分内在的意识，之后便可根据形式和目的划分人的内在。这种意识一经产生，人的内在就会形成分裂，并开始追求外在的表现。此时的儿童能凭借自身的能力和外部的事物塑造自己的内在倾向并传递出来。

在此阶段可以对儿童进行真正的教育。但此阶段的教育仍然以服从家人为主，所以儿童还是依靠自然组成的未受到分割的整体。正因为其表现的方式方法仍处于聆听状态，所以这个阶段儿童的言语行为仍然是一种未被自己掌控的状态。他没有把言语行为看成是某种自己的东西。他对言语行为还是一无所知。

学着认识和形容事物

尽管在人不同的教育和发展阶段中，可以根据阶段出现的先后次序，认定最早和较早的是最重要和次重要的，但我们并不能反过来以重要程度为标准，确定它们的先后顺序。每一个阶段，就它的位置和时间来说，都是同等重要的。不过，由于这一阶段包括了儿童初次认识和了解周围的人以及周围的世界，并与它们进行连接和结合，以及掌握儿童内在成长的阶段，所以是非常重要的。这个阶段之所以重要，即在儿童看来，他会在这一阶段区分外部世界是高尚的、鲜活的，还是卑微的、死气沉沉的；事物是光明、进步的，还是阴暗、压抑的；是只供利用、消耗、毁灭、提供某种享乐的，还是可以作为目的本身，是一种高尚、有精神、有灵魂的东西；是从事物的真实面去看，还是从它扭曲的面去看。

所以在这个阶段的儿童，应该真切地看待一切事物，且应该正确、纯粹地描绘事物，按照事物的本质和特征去形容。应该正确地描绘事物与空间和时间，以及事物与事物本身之间的相互关系。用其正确的名称和词语来表达每一个事物，而每个词语都应该清楚、正确。

在这个阶段，要求儿童清楚、正确、纯粹地描述一切事物，因此周围的人必须把一切清楚、正确、纯粹地告诉他，使他能够清楚、正确、纯粹地观察和认识这一切。两者不可分割，相互依存。然而在这个阶段，就像语言与这个说话的人仍然是一体的一样，语言和语言符号也与说话的儿童以及需要被描述的事物有着不可分割的关系。也就是说，词语和事物，就像身体和精神、肉体和灵魂一样，是不能分开的。这些对儿童来说是同一件事。这一点在这个时期儿童的游戏和游戏活动中就能体现出来。儿童在玩游戏的时候，只要有机会，会非常喜欢说话。游戏和说话是这一阶段儿童生活的要素。

所以这个阶段的儿童认为，所有事物都具有生命感受和语言能力，而且坚信一切都会听他说话。不论是石头或木块，还是植物或动物，在他眼中，周围的一切都在进行与他一样的活动，因为他在这时期开始把自己的内在向外表现了。于是，这一阶段的孩子就这样一点点长大了。就像他感受到的那样，他的生活、他的父母及家人的生活，以及他和家人共同遵循的更复杂的看不见的规律，特别是他与自然一起的生活都得到了发展。此时，父母以及这个时期的家庭成员必须让儿童融入自然的生活，让他们熟悉明确的、无声的自然事物。而这一点必须通过游戏培养，且最初只能利用以自然生活培养儿童的游戏来进行。

幼儿阶段的游戏

游戏是这个阶段儿童成长的最高境界。“游戏”一词本身就说明它是内在自发的表现，是从自身必然性和需求出发的表现。因此它能带给人快乐、自由、满足、平静，以及与周围世界和平相处的能力。一个全身心沉醉于游戏中的孩子，最后因为集中精神参与游戏而睡着，不就是这个阶段儿童生活最美好的表现吗？就像上面所说的那样，这个阶段的游戏并不是无谓的嬉闹，而有着极强的严肃性和深刻的意义。母亲们，请培养它，发展它！父亲们，请保护它，关心它吧！

以真正懂得人类本性的人平静而深刻的眼光来看，儿童自发选择的游戏，已经将其未来的内在生活清楚地表现出来了。这个阶段的游戏孕育着孩子整个未来的生活，因为有些人的内在感受和日后最高尚的素质就是在游戏中得到发展和体现的。

无论这个未来生活是光明还是黑暗，稳定还是漂泊，勤奋还是懒惰，平静还是动荡，有为还是平庸，自强不息还是麻木不仁，有创造力还是有破坏性，是否洞悉世事，是否具有建设性，是否平和，这个时期的生活方式以及儿童天生的个人特质决定了他将来与父母和家人，与社会和人群，与自然的关系。因为在这一阶段，儿童与其生命本身，与其存在本身，与其家庭成员以及自然的生命之间，是不可分割的，所以这个阶段的儿童几乎不了解哪一种东西与他更为亲密，是花还是花带给他的愉悦？是把它送给自己的父母时所带来的欢乐，还是对大自然赐予之物的模糊感受？谁能分析这个阶段儿童如此丰富的快乐呢？假如这个阶段的儿童受到伤害，势必会损害他日后生命之树的胚芽。那么，在长大成人之前，这个孩子即使付出最大的艰辛和努力，也很难避免在成长和发展的路上不受其损害。

衣食方面的规范

在儿童阶段的这几年里，食物和饮食是非常重要的，这不仅关系到儿童在这一时期的生活品质，更关系到他的整个未来。因为饮食可以使儿童变得勤奋或懒散，充满活力或萎靡不振，敏锐或迟钝，强健或虚弱。儿童通过进食方式接收的印象、嗜好、欲求、感受，甚至人生取向，即使他将来长大成人，也难以被改变。这些都会跟他的身体乃至精神生活紧密联系，至少与他的感觉和情感密不可分。

所以在儿童断奶之初，应该给他选择素净的食品且要适度，其人工和精致的程度绝不能超过必要的限度，特别是不能为了刺激食欲和提神而使用过多的调味料，也不能太油腻，以免妨害内脏器官的运作。

对食物简单和适度的需求，能使儿童在各方面变得更加幸福、强健且更具创造力。人们经常看到，由于受到调味料或过度饮食、过度刺激的影响，儿童的进食口味已经相当低劣，而且再也无法摆脱这样的口味了。就算这种食欲在日后有所减退，但其实只是处于抑制状态而已，只要有机会它还会以更大的力量卷土重来。

如果父母能够想到，这不仅关系着很多人的未来，还影响到很多家庭和家人的幸福，甚至影响到一般社会公民的幸福，那么他们的做法或许就会完全不同！但是也存在愚昧的母亲和无知的父亲，于是我们会看到儿童拿着各式各样有“毒”的食物。它们看起来有的很粗糙，有的却很精致。还有的家长一味地让孩子吃，却不能让孩子的身体将之好好消化，甚至这样做只是为了让百无聊赖的孩子消磨时光，为了刺激没有精神的身体发育，这反而起到了消耗和削弱身体能量的作用。还有的家长将身体的懒散和惰性视为儿童应该享有的休息；把与影响儿童精神和真正生活无关的身体灵活程度视为真正的活力的上升和生命力的发展。

其实要巩固并促进人类的安宁、幸福和健康并不难，甚至比我们想象的还要简单得多。办法到处都是，我们却看不到它们。或许我们看到了，但没有加以重视，因为它们简单、自然、容易使用和随处可见，所以我们一直漠视它们的存在。因为我们只能靠自己，只有自己能帮助自己。所以我们舍近求远，即使我们日后倾尽自己的一半乃至全部财产，也换不到我们的子女在较深刻的了解和较透彻的洞察之下，发现对他们最有益的东西；换不到目前根本得不到，或至少不能完全、充分得到的东西；换不到在孩子幼年时期只要稍加注意就能自然而然得到的东西。很显然，如果我们想让他们得到这些东西，我们在照顾他们时就要尽量避免这样的损耗。

真希望可以以生动的方式把悲惨的现象告诉给每对新手父母，让他们知道看似微小、简单且无足轻重的起因可能会导致难以估计的、直接破坏未来教育中一切良好品质的结果。为此，教育者必须努力千百回，而面对这种情况，教育者的知识也不足以帮助他们在未来的生活中把观察到的这些现象变得无害。因为没有人不知道童年印象的强大威力。

不过要在这方面避免错误并不难，要找到正确做法也很容易。正确的饮食永远是适度地摄入食物。饮食绝不是目的，唯一的目的就是对身体和精神活动产生促进作用。也不要在乎饮食的特性，比如口味和精美程度，而应在乎目的本身，它只取决于目的，即成为美好、纯正、健康的食物。否则不管饮食是过多还是过少，都会影响甚至损害健康。所以儿童的食品应该是最素净的，只要能达到相应的标准并满足儿童生活所需即可，而使儿童的身体和精神处于均衡状态，就是食品所要达到的标准。

另外，为了使儿童在这个阶段，不管是精神上还是身体上都能自由自在地活动和游戏、发育和成长，就不能让他的衣着捆绑、压迫和束缚，因为这样的衣着同时也会捆绑、压迫、束缚他的精神。这个年龄阶段和以后年龄阶段的衣着，也不能使身体受到伤害。因为发生在儿童身上的影响，也会同时作用在他的精神上。衣着的款式、颜色也不应该成为目的，不然就会使儿童过早变得虚荣和肤浅，成为物欲的傀儡，而不是一个真正的人了。所以衣着要求对儿童和日后的人来说绝不是无关紧要的。

所以说，在父母、家庭和家人范围内，抚育子女的主题和目标就是唤醒、发展和激发儿童的全部能力和素质，灵活运用人的肢体和器官，以满足符合孩子素质和能力的要求。一位母亲出于天性，不需要任何教导、要求、学习，就能将这些事情做得很好。但这还远远不够，她应该把孩子视为有觉知的生命，视为一个逐渐觉醒的生命，知道孩子会在某种内在开始活跃并觉察到万物的情境下开始行动，然后用心加以引导，以使孩子不断地发展。因此，我希望在对母亲们的工作进行讲解时，可以让大家明白事情的本质、意义和关联性。当然，朴实且重视这些的母亲们，能够把这件事思考得更加确切、周到和深刻。然而人都是从不完美成长到完美的，所以希望上面说到的一切能唤起父母们坚定而冷静、考虑周全又合乎理性的爱，并将儿童的成长过程及其表现完整地展示在我们的面前，让大家去领会和了解。

母亲的教导

一位母亲在向孩子展示身体的多样及肢体的差异时，为吸引他的注意会这样说："把小胳膊伸过来！你的小手藏在什么地方？"一位富有思想且像儿童般引逗人的母亲会这样说："咬一口你的小指头。"

一个由母亲深刻、自然的感情适当地引发的动作，能引导孩子去观察并认识一个与自己有所不同但又和自己融为一体的东西，继而可引发孩子学会从最早的开端、最初的表现到未来的思考。

这位母亲用如同做游戏般引逗的方式，让孩子认识自己没有看过、没有观察过的身体部位，比如耳朵、鼻子、舌头、牙齿等。母亲在孩子的耳朵或鼻子上轻轻地拉，假装已经把它们从头上拿下来，然后指着自己握住的拳头说："这里有耳朵，这里有鼻子哦！"于是孩子迅速摸了摸自己的耳朵和鼻子，并开心地笑起来，他知道它们还在自己的头上。起初母亲这么做是为了引导和激励孩子去认识他不能从外表看到和观察到的东西。这一切的最终目的是让孩子从小就能意识到自己，并引导他进行思考，思考他自己。就像一个十岁的、正在接受教育的儿童在这种方式的引导下不由自主地说道：“我不是我的手臂，也不是我的耳朵！我的器官和四肢都可以与我分开，但我永远是我自己。那么我究竟是谁呢？我称之为的‘我’究竟是什么呢？”母爱也促使母亲用同样的精神继续引导孩子。母亲可以说：“把你的小舌头伸出来”“让我看看你的小牙齿”“用你的小牙齿咬住”，这样就能引导孩子使用这些身体部位。

“把小脚脚伸进袜子里、鞋子里。袜子里、鞋子里是你的小脚脚。”母亲的天性就这样不停地、由近到远引导孩子认识小小的外部世界。她很快就会引导孩子了解外界的特性，就像她用这个办法将事物本身及其空间关系展现在孩子面前一样，当然她首先要展示它们的作用，接下来再展示它们静止的状态。母亲会这样说：“灯火是点着的。”

母亲从认识事物的作用引导孩子认识其存在的原因及其根本性质，如锐利、灼热，接着再让孩子过渡到了解事物具有扎刺、切割等作用；而孩子不必真正经历这些作用。接着母亲会引导孩子先感受自己的动作，再观察自己的动作。于是当孩子进食时，就会将自己的动作与语言联系起来。此时对孩子进行教导的母亲就会说："把你的嘴张开。"在洗脸时会说："把你的双眼闭上。"或是母亲会教导孩子知道自己行为的目的，于是在把孩子抱到婴儿床上时，她会说："睡吧，睡吧。"当她将盛满食物的汤匙移向孩子的嘴巴时，她会说："孩子张嘴吃吧。"为使孩子注意到食物对味觉神经的作用及其与身体的关系，她会说："这东西很好吃。"为使孩子留意花香，母亲会故意发出闻嗅的声音，并说："这朵花闻起来很香。""孩子，来闻一闻吧。"或是相反地，孩子会带着不舒服的表情，将脸避开，母亲会将花朵从孩子身边移走。她还会尽量用最自然的方式使他的肢体和所有感官得到充分的活动。

"听！小鸟在唱歌，小狗在汪汪叫！"此时，母亲对孩子的教导从言语表达转到名称，再从听觉的发展转到视觉的发展，她会继续说："唱歌的小鸟在哪里？汪汪叫的小狗在哪里？"母亲甚至更进一步把孩子从对事物及其性质的相关观察发展到对其性质本身的观察。

母亲首先指着飞在空中的真正的鸟儿说："小鸟正在飞呢。"接着，母亲又指着波动的水面或镜面反射出来的摇晃不定的光点让孩子看，并说："看，小鸟。"为了告诉孩子这只是一个没有真实物体的影像，它与小鸟的共同之处只在于它是动态的，母亲说："去抓这只小鸟。"与此同时，母亲要求孩子用自己的手遮住光点；或是指着某条像钟摆一样晃动的绳子，说"来了，走了，来了，又走了"，以引导孩子观察这个动作。

母亲还会用同样的方式引导孩子关注事物的变化。比如她会指着灯火说："这是亮的。"把灯火关掉时，她又会说："光熄灭了。"或是说："爸爸来了。""爸爸离开了。"或是为了引导孩子关注事物自身的活动性，说："猫咪来，到宝宝身边来。""猫咪跑了。"而后，母亲会想办法激发孩子身体的灵活性，她会说："抓住猫咪。""把花儿拿好。"或是在慢慢滚动球的时候对孩子说："把球抓住。"

包容一切的母爱也想将孩子与父亲、兄弟姐妹之间十分重要的共同感情激发出来，并让孩子明白这种感情。于是母亲说："摸摸亲爱的爸爸。"或是引导孩了将手放到爸爸的脸颊上，并说："噢，这是亲爱的爸爸。"

或说“摸摸姐姐”，并接着说“噢，这是亲爱的姐姐”之类的话。

节奏、韵律的运用

“噢”这个词能够发展出对美好事物的共同感情，包容一切的母爱也试图通过动作让孩子感受到他自身的生命。更加重要的是，这一过程是通过有规律、有节奏、有韵律的动作来完成的。也就是说，母亲通过对怀里孩子的抚弄，即按照有韵律、有节奏的声音和动作来实现这一过程。所以母亲能够很容易地适应孩子身上不断被全面激发的生命并使其逐渐强化，再将仍然沉睡的生命一点点唤醒，并使其得到发展。

但很多人则想将孩子身上的东西全部去除，再为他注入生命，却使得生命变得十分空洞，就连强加给他的东西也毫无生气。于是，有韵律、有规律的语言和声调这种简单且自然的引导方式就很容易消失。因为几乎没有人能明白它的重要性，而能够加以掌握并按照人的生命和人性对其未来的成长和教育加以发展的人那就更少了。

不过，从儿童和人类未来及以后的社会生活来说，富有韵律、有节奏的动作的早期培养，是有很多好处的。如果在孩子的早期教育中，过早地停止韵律性、节奏性、规律性活动的培养，对教育者来说有很大损失，对儿童自身来说，损失会更大。因为这些可以让他能够比较容易地把握自己生活的规律性和适当的尺度；可以消解生命、行为和活动中为所欲为的、不适当的以及粗俗的习性，拥有更节制、适度、协调的人生；形成未来在音乐和诗词、自然和艺术方面更加敏锐的鉴赏力。

细心的母亲肯定能够留意到年幼的、安静的，特别是萎靡不振的孩子。而教养孩子的人也应该重视这种情况，并将其视为未来对旋律和歌谣有敏感性的萌芽来培养。很快，儿童的这种活动就会像说话一样表现出自发性。在说话能力有所发展并将语言能力表现出来的情况下，儿童身上自然就会出现用来描述尚未得到注意的新概念、真正的关联和关系的词语。一个年幼的、稚气未脱的女孩，会在母亲的指导下，仔细触摸并观察某个植物叶片上长出来的茂密且柔软的绒毛，接着高兴地对母亲说："看，这毛茸茸的叶子！"而母亲并不知道自己曾经带领孩子观察过类似的植物特征。孩子在天气极好的夜里观星时，如果看到夜空中有两颗璀璨的星星靠在一起，就会高兴地喊道："快看啊，这是爸爸星和妈妈星！"而母亲根本不知道孩子这个用在星星上的词语的关联性是如何被激发出来的！

肢体、官能的发展

人在学习站立和行走时，不应该使用拐杖和牵绳，而是应该在自己有了维持平衡的能力时再学着站起来。如果他还不能坐着、坐直并借助身旁有高度的东西站起来且维持平衡，就不应该过早地学习站立。他应该在自己可以向前跨步和维持平衡时再学习行走，如果他还不能爬行并靠自己的力量站起来、维持平衡，并在此情况下向前跨步，就不应该过早地学习行走。

要学习行走时，母亲可以先走到离孩子有一段距离的地方，让孩子站起来，然后走到母亲跟前。不久，孩子就会感受到双脚的力量，并满怀喜悦不停地行走，完全感觉不到疲惫。就像之前第一次学会站立技巧一样，很快他就会不自觉地练习行走的技巧。

孩子看到一根树枝、一根稻秆，就会像春天的鸟儿把东西拖回巢里那样把它们带回家。看，那边的孩子正在屋檐下费劲地弯着身子慢慢地向前移动。雨滴从屋檐落下，然后把圆滑的小石子从土里、沙里冲了出来。在孩子眼里，一切都值得被珍视，所以他把以后要用的各种石头、材料收集起来。这有什么不对吗？难道不是原本就该这样吗？这孩子正在收集的不就是自己以后人生建筑所需的材料吗？所以他开始收集材料，再把不同类的分开，不理会无用的材料，只把不粗糙的珍贵的材料集中在一起。如果想让建筑物足够出色，就不仅要熟悉各种材料的名称，还要深入了解它们的性质和用法。而这一点对孩子来说，是完全能够做到的，从他那纯真、冷静、勤快的活动中就能看出来。我们说他纯真，是因为我们缺少像他们一样可以观察的眼睛和倾听的耳朵，以及对孩子感受的同理心。

而正是这种了解一切的渴望驱使儿童来到我们身边。如果我们对儿童生活中的各种事物完全不理解，那么我们怎么用语言去描述这些事物呢？而这种最深切的渴望驱使儿童用紧握的小手把他发现的东西带到这里，放在我们跟前。

事物好像会主动地热切地让儿童了解自己，任何在儿童尚显狭小的视野中出现的、能够使他同样狭小的世界得以扩展的东西，都会得到他的欢心，对他来说再小的东西也是一项新发现。不过事物不应该毫无生机地出现并停留在这个小世界中，否则会使他的视线变得暗淡无光，并压抑这个幼小的世界。所以孩子想知道为什么这些东西能够得到他的欢心？他还想认识事物的一切性质和本质，这样一来总有一天能够了解自己的好恶。

因而儿童会从各个角度反复观察这些东西，他会把这些东西扯坏、撕碎，甚至把它塞到嘴里嚼碎，或者至少想办法嚼碎。我们会因此觉得孩子顽劣且淘气，甚至教训、斥责他们，可是难道他不比我们这些人更聪明吗？儿童想要了解事物的内在，这种欲望不正是儿童天生就有的吗？儿童在这种正确认识和正确引导的欲望的驱使下，试图去认知万物。儿童很早就拥有这方面的理解力、智力和语言能力，这不是周围大人赋予他们的，大人也做不到这一点，那么他除了从事物本身去寻求这种满足之外，还能够和应该去哪里寻求满足呢？

而我们作为长者，作为成年人之中进行探究的人，在做法上会与他们有什么区别呢？然而，只有当老师在讲台上这么做，并要求我们的孩子也这么做的时候，我们才觉得这样做有价值和意义，但是当儿童自己主动去做时，我们却熟视无睹。因此即便是最高明的教师说的最清晰的话，对我们的孩子也是没有任何作用的，因为他们现在在学校里学的东西，就是我们在他们年幼时已经通过讲解并鼓励他们学习过的东西，他们差不多是乐于自己教自己的。儿童需要周围的人给予他们自己的并不多，他们所需要的，只是周围的人对他们所看、所做、所玩和所发现的东西加以说明，并说出名称之类的词语。逐渐成长为少年的儿童，其生活是很丰富的，不过我们往往视而不见。他们的生活是生动活泼的，但我们却感受不到。人的使命和天性的要求是正当的，但我们无法感知。我们不仅没有保护、照拂、发展儿童生命内在的这棵幼苗，还任凭它被自己活动的负担所压制，或是让它因为自身的不足而暴露在不自然的坏倾向中。在植物界，有一种现象叫变态幼芽，这与我们现在所看到的这种现象十分类似，即对与植物类似的儿童的力量、朝气、本能、欲望进行误导。现在当我们想以不同的方式将向少年时期过渡的儿童身上的力量和朝气、本能和欲望引向另一个方向时，可惜已经太迟了。因为我们不仅没有理解和培养向少年过渡的儿童生命的深刻意义，还把它引向错误的方向，并加以抑制。

幼童对事物的认识方式

看，那个孩子刚刚发现一块石头。对于这块石头的特质，他要从它的作用加以推断。他用身旁的小木片反复刮擦石头，终于发现了它会褪色的特质。或许这是一块石灰石、黏土、赭石或白垩。看，他对于这个新发现是多么高兴，于是就急忙快速地反复尝试，而木片的表面已经彻底变样。一开始孩子是因为自己的新发现而开心，后来是因为木板的变色而兴奋：一会儿变成红色，一会儿变成黑色，一会儿变成白色，一会儿又变成棕色。但很快，他又开始为出现的交叉的、平行的、弯曲的以及其他的形状感到高兴。这些线条形状使儿童开始留意周围事物的线条特征。现在，在他眼中，人的头是圆的，周围由围绕的线条组成。与头连接的、椭圆形的线条就成了躯干。手臂和腿表现为线段或曲线，这样的线条在孩子眼中就变成了手臂和腿。在他看来手指是几根线条汇集在一点形成的，在有创造力的孩子眼里，这些汇集的线条就成了手掌和手指。与此同时，在孩子眼中眼睛就是点，而点对他而言就成了眼睛。于是在他的面前出现了一个从里到外崭新的世界，此时他就开始了解人们设法呈现的东西的样子了。

通过了解和描绘这些线条，这个不久后将长成少年的儿童打开了一个多元的新世界的大门。他把外部世界变小了，这样一来，他的感官就比较容易理解它了。他可以向外呈现内部的记忆或新产生联系的东西，也可以向自己那敏感的神经和头脑中输送对一个崭新的无形世界、力的世界的知识。被抛下和坠落的石头、滚动着和被滚动的球、被堤坝拦住而分成几条支流流入水沟的水，都可以让孩子懂得：无论哪种方式表现的力的作用，方向永远是一条直线。事物通过线条呈现出来的样子，很快就促使儿童去理解并表现力发生作用的方向。

儿童一边说“这里有一条小河在淌水”，一边把小河的流向用线条标示出来。儿童把在他看来标志着一棵树的几条线条联系起来，说：“这里长出一根分枝，那里又长出一根分枝。”说着，他从树上再引出几条表示分枝的线条，意味深长地说：“一只鸟飞过来了。”同时根据自己设想的鸟儿的飞行路线画出一根线条。如果你们把粉笔之类的东西递给儿童，那么在他和你们的面前很快就会出现一幅新的创作作品。父亲用简洁的线条为他画出一匹马和一个人，那么这由线条构成的马和人带给儿童的快乐，比真正的马和人可多多了！

此时各位母亲和周围的人应该怎么引导孩子呢？只要多加注意和观察，孩子本身就会教给你们正确的方法。孩子画了一张桌子，并勾勒出桌子边缘的线条。他按照东西本身的样子把它们画出来，这是第一步，对儿童来说，这也是最可靠的一步，如此一来，儿童才能意识到事物的边缘和形状。儿童还会用同样的方式将椅子、长凳和窗户描绘出来。不过他还能更进一步：他根据自己模糊的意识，在桌面、长凳和椅子等四边形的木板上画出几条横线，如此一来就可以确定平面的形状和关系。现在他按缩小的尺寸把形状画了出来。

看，那边的孩子将桌子、椅子和长凳等东西全画在了一张桌面上。你们难道没有看到，他在这方面是怎样自行发展、提升自我的吗？他在椅子、长凳或桌子上，摆满自己能够移动的以及能够看到的东西，并画出它们的形状，与此同时还用手抚摸东西的边缘及平面。接着，他又画出剪刀和棋盘，树叶和树枝，甚至还画下自己的手或物体的影子。通过这样的举动，儿童发展出来的东西多得数也数不清，比如对形状的了解，与物体隔开时表现其形状的方法，对形状的掌握，强化手背和手掌在自由描绘物体时的力量和能力……

描绘事物和注意数量的关联

殷勤的母亲、谨慎的父亲、悉心留意的家人，即使没有画过什么东西，也没有所谓的职业画家，但他们却能引导正在成长的少年相当精确地画出一条线段，甚至画出一个垂直状态、具有直角的物体，比如能够画出有几分相像的镜子、窗户等。如果父母们既没有太过小心谨慎，又没有吹毛求疵，而是随时把孩子的行为与语言联系起来，那么这对于发展和强化儿童的力量与能力而言，不仅是有益的还是必要的。比如，“我画一面镜子、一张桌子；我在黑板上、木板上画一条横线。”通过这种方法，能够增加孩子的知识，增强他内在和外在的能力，唤起他的判断力，并且能够加强防范许多错误的思考力，越早让人顺其自然地发展这种不寻常的能力越好。因为对于所要表达的事物而言，语言和图画中的任何一个都是不够的、不完美的，它们相互之间往往是相辅相成、互相补充的。图画本来介于语言和事物之间，具有它们共通的性质，所以对儿童和一般人来说，它在教育和养成方面有着极为重要的作用。

真正的图画与事物的共通之处，是它能将事物的形态和轮廓表现出来；而图画与语言的共通之处在于它并不是事物本身，而只是事物的摹本。图画与语言也有完全相反的性质，因为前者是死的，而后者却是活的；前者是能够被看见的，而后者却是能够被听见的。所以图画和语言就如同光和影、日和夜、精神和身体一般是不可分割的。所以不管是在成年人身上还是在儿童身上，绘画能力就像语言能力一样直接，也会像后者那样要求得到发展和训练。经验也告诉我们，孩子喜欢绘画，甚至对绘画有一种强烈的欲望。

通过绘画来表达事物，并由此产生了清晰的洞察力，这就促使孩子们迅速地意识到同样数目的类似事物之间的关系，例如：两只手臂和两只眼睛、五根脚趾和五根手指，以及苍蝇的六条腿和甲虫的六条腿。这样，由图像对对象的表达就会引导孩子们去了解和关注数量。而同一物件的多次呈现，也会让孩子产生“数”的概念。就某一点而言，相同的物体，按照一定的关系，被聚集成特定的、不同的数目，就是它们的数量。这样，孩子们的认知范围、生活的世界，随着对数字的关注与认知，以及对运算能力的提高，都在不断地扩展。

同时，他的心灵的重要需求、某种精神上的渴望，也因此得以实现。因为儿童一直带着某种欲求，模模糊糊地觉察到自己还缺乏某种认识手段，在这种情况下，他们会注意到同类或不同类事物集合而成的或大或小的量。对他来说，这种不同物群的数量关系是难以认识、理解和确定的。不过现在他已经知道，自己有四朵白花、五朵黄花、两块大石头、三块小石头等。了解数量关系，大大丰富了孩子们的生活。

训练归类和计算能力

儿童的心智要求母亲和周围的人，从最开始便要按照数字本身所具有的规律、按照人类心智中确定的思维规律，即在生活方面产生的要求，来培养儿童的计算能力。如果你能平静地观察孩子，你就会很容易地看到，他们是如何根据人类的思维法则（尽管他们是无意识的），从看得见的东西中归纳出看不见的、抽象的东西的。由于孩子们一开始会将相似的东西组合在一起，所以他们认识了苹果、核桃、梨、黄豆等。在这种情况下，妈妈或她身边的那些有经验的人，如果能加以解释的话，就可以使孩子们将所见和所闻结合起来，对苹果、核桃、梨和黄豆等的性质有所了解。谁都能看见或有机会看到儿童是怎样整理各种单一的事物并将它们分类的。这时母亲们可以加上解释性、鼓励性的词语。比如：

这是苹果，这也是苹果，这些全是苹果。
核桃、核桃、核桃、核桃，这些全是核桃。
而这些，这些，全是梨。
这些全是黄豆。

对于像石头、树叶之类的东西，孩子们还可以将它们分类。不同的物品种类繁多，母亲们也可以把相同的物品归为一类，以便孩子们更好地理解。

接着，母亲们一面让孩子把某样东西与另一样东西归到一起，一面和孩子一起清楚明白地表达这一活动。比如：

一个苹果、又一个苹果、又一个苹果、又一个苹果，许多个苹果。

一个核桃、又一个核桃、又一个核桃、又一个核桃，许多个核桃。

一个梨、又一个梨、又一个梨、又一个梨，许多个梨。

一粒黄豆、又一粒黄豆、又一粒黄豆、又一粒黄豆，许多粒黄豆。

也可以用手指进行这样的活动。不管某类东西的数量，但始终通过逐一地增添而使该类东西不断增加。然后母亲就不再使用不确定的增加性词语，如“又一个”，而是清楚地讲出增加的数量，并且和孩子一起计算出物品的数量。比如：

一个苹果、两个苹果、三个苹果……

一个核桃、两个核桃、三个核桃、四个核桃……

一个梨、两个梨、三个梨、四个梨……

一粒黄豆、两粒黄豆、三粒黄豆、四粒黄豆……

随后，母亲根据自然增加的数量或数目添放各种物品，并用词语描述自己做的事情。比如：

〇个苹果、〇〇个苹果、〇〇〇个苹果、〇〇〇〇个苹果……

〇个核桃、〇〇个核桃、〇〇〇个核桃、〇〇〇〇个核桃……

〇个梨、〇〇个梨、〇〇〇个梨、〇〇〇〇个梨……

〇粒黄豆、〇〇粒黄豆、〇〇〇粒黄豆、〇〇〇〇粒黄豆……

接着母亲和孩子一起计算，然后母亲让孩子一个人完成这件事情，即用词语描述自己做的事情。开始时还要在每个数目之后说出物品的类别，慢慢地变成只说出数目，到最后才提到物品的类别。比如：

一个、两个、三个、四个苹果。

一个、两个、三个、四个核桃。

一个、两个、三个、四个梨。

一粒、两粒、三粒、四粒黄豆。

在这里不必注重物品的类别，而是关注它们的数量，特别是在其特定的数量、数字等方面。也就是说，母亲只对数字顺序方面的某些数量加以强调，而完全不在意物品的类别。比如：

一、二、三、四、五……

这是一种纯粹的观察和思考，从自然规律的角度来看数字、数量本身，从而理解纯粹的数字。

在很早的时候，就必须让孩子们理解和明确数字的顺序（最少到十）。但不能空洞呆板地当着孩子的面朗诵数字，也不能让孩子跟着机械、呆板、空洞地朗读。如果一个人的大脑不能处理各种违反自然的事情，那么他会说出一些乱七八糟的东西，比如八，一，五，二，二，四，七。

不能让孩子们长时间单纯背诵数字，因为这样做没什么意义，他们没有思考，也没有通过计算了解数字。

以上在介绍儿童对数字概念发展的过程中，也提供了一项例证，即儿童是怎样按照某种规律，从对单一事物的观察上升到一般乃至最为普遍的概念，当然这种观察往往转瞬即逝，非常短暂。

认识家人的职业

我们发现，即将告别童年、步入青春期的孩子，只要得到正确的引导、细心的照料和良好的教育，他们的内心和外部的生命都会变得丰富、充实、多彩。孩子的思维、感觉、知识、能力，都是从童年开始加以教导和培养的。儿童可以看到语言和自然的东西，数字、形状、空间的知识，大小的特征，物质的作用，力的本质……这些都在他的面前陆续展现出来。色彩、韵律、声音、形态在初始阶段就以值得注意的显著特征表现出来；在他的世界里，自然与艺术也与外在世界逐渐清晰地区别开来，他对两者都持肯定态度，但也会将其看作是对立的；在他的身上，也逐渐形成一种自己内在世界的感触。但是，我们从来没有注意到，也没有看到过这个尚未完全成熟、还没有进入青春期的孩子的这一方面，就是和他的父母、兄弟姊妹们一起生活，从事家庭工作和专业工作。

我朝窗外看去，一个不满两岁的孩子正拉着一匹马，孩子的父亲把缰绳放在孩子手中，孩子稳稳当当地走在马前面，还不慌不忙地回头看了看，看那匹马有没有跟上。虽然父亲拿着主控的缰绳，但是孩子坚信，是他在牵着马，那匹马一定要跟着他。当父亲停下来跟一个熟悉的人讲话，那匹马也跟着停下来；但是，那孩子却觉得这是马在顽固地不肯离开，他拼命地拉着缰绳，让它向前走。

我的邻居有一个三岁的儿子，他在我家花园的栅栏里帮妈妈照顾一群鹅。他用来饲养这些鹅的地方很小，这些鹅会在任何孩子帮它们找食物的时候从他身边溜走。小鹅老是在川流不息的道路上奔跑，一不小心就会受伤。妈妈看见了，就会对着自己的儿子大喊一声：“你得看着点儿啊！”这时，本来就因为自己的事情总被小鹅打断而感到烦躁的孩子就会对他的母亲说：“你认为照顾它们是一件很容易的事吗？”

如果父母和周围的人对自己的职业十分重视，并在日后将其用到自己对孩子的教育上，有谁能知道这会给现在和未来产生怎样的影响呢？

瞧，这位花匠的小孩已经长到了青少年时期，花匠在除草，男孩在帮助他，花匠就想顺便教他如何分辨香菜和毒芹，告诉他它们的叶子颜色和味道的不同之处。护林员的儿子陪同父亲参观了他们曾经共同种植的林场，那里一片翠绿。男孩认为他所看见的一种植物只是一棵小冷杉，但是他的爸爸说那是一种桐木，并且教他分辨它们的方法。一位爸爸在敲一块烧得通红的铁，一个小孩在旁边看着。爸爸说，温度可以提高金属的可塑性，但由于温度太高，烧得通红的钢筋根本插不进原来的地方，因为钢筋在高温下会膨胀。一位站在天平旁按重量出售物品的父亲，告诉身边专心观察的孩子，这边的秤盘多放一点东西或者那边的秤盘里少放一些东西，都会导致一边的秤盘下降，只有两边秤盘里的东西一样重或一样轻，秤的两边才能保持平衡，不过他并不是通过语言告诉孩子这种难以理解的概念，而是通过让孩子拿掉秤盘上的东西或给秤盘增加重量来完成。身为织工的父亲教导专注观察自己的孩子，踩下踏板棉线就会上升，并让孩子观察；而一位染布工在教导细心观察自己的孩子时，会向他解释特定的染料是怎样以一定的方式改变布匹的色泽的，他告诉孩子，那颜料也是一种酸性物质，他还对孩子说，要想在布的右侧看到这个图案，就要把它放在左边。有个生意人告诉自己的儿子，某种植物去壳之后的果核就是咖啡豆，他还利用这个难得的机会向孩子示范，他带孩子去最近的郊外，让他看看芹菜、小米等可以被当成商品来买卖的物品是在哪里种植以及怎样生长的。

木匠、建筑工人、铁匠和制鞋匠的儿子，在父亲的谆谆教诲和激励下，渐渐地学会了使用刨刀、钻头和凿子，他们的父亲还教导他们，工作中使用的原材料，有的来自树木，有的来自矿石和矿场，铁只能由冶炼厂提供，再由铁匠锻造成型。而铁匠们的称呼还因为所制造的器物不同而有所区别。木匠以直观的方式教导自己好学的儿子，并非所有木材都能用来做手工器具。榉木、槭木或桦木是可以用的，但杉木和松木却不能用；阔叶木或果树可以用，但针叶木不能用。再去野外散步时，父亲不仅会找机会教导儿子如何分辨阔叶木和针叶木，还会教他如何轻松地辨认橡树、榉树、松树和桦树。木匠领着孩子在街上穿行，给他讲榉树和桦树的用处。

带领和教导的主要方式

一个值得信赖的父亲，能让他的孩子们生性率真、身心健康、充满探索精神。跟随可靠的父亲学习，从乡村到城市，从自然到艺术，或是反过来，从艺术到农业，再到园艺。虽然出发点、原因、接触面各不相同，但每个人都可以根据自己的认知范畴，将他人的认知范畴与自身的认知领域相关联。所有的职业、手艺、活动，都可以是我们获取人类知识的出发点。农民的孩子靠着父亲的车马和犁，磨坊主的孩子靠着父亲的石磨，粮商的孩子则靠着父亲积攒的、原始的或经过处理的天然产品，得到了多少知识啊！而这些知识如此宝贵，是孩子们以后付出再多努力、克服再多困难，也无法从学校和课业生活中得到的。这些都是孩子们是否重视和善加利用其家务和家庭生活的结果。各位父亲，你们的孩子对这一点的感受也非常深刻、真切、鲜活。这也是为什么孩子们总是围着你们转，去你们所去的地方，观察你们一举一动的原因所在。你不能粗鲁地把他们赶走，也不能因为他们问的问题而感到厌倦。你的任何反感，都会摧毁他们的生命之树上萌生出的嫩芽。

不过，你们也不要对他们做出更多的解答，除非他们没有你们的话就无法自行解答。因为只听别人的答案，哪怕只听到一半、明白一半，也比他们完全靠自己去寻找、去发现容易得多。不过，对孩子们来说，通过自己的努力找到四分之一的答案，比让他们听到一半、明白一半更加重要。后者会让他们的思维变得懒怠和迟滞。因此，永远不要对儿童的提问直接提供答案。而是要在他们有足够的能力和经验的情况下，让他们自己去摸索。作为父母，尤其是当父亲的，可以更多地将精力放在这些特殊的照顾和引导上（由于儿童正在迈向青春期）。作为父亲，我们要勇敢地承担起教育孩子的责任。多多体会儿童带给自己的慰藉！从某方面来说，几乎没有比教导子女、抚育子女、与子女一起生活更高的乐趣和享受了。无法想象，除了对子女的付出之外，我们还可以从别的什么地方寻找或期望更多的快乐，并且完全满足更崇高的希冀。我们想象不到，在其他的方面和关系中，我们还可以获得同等的幸福和欣慰。

我们可以看看，一个出身于淳朴中产阶级的讷口少言的父亲，在一个充满希望的家庭里会说些什么。我们在此仅展示其中的一小部分，但其中的道理仍令人惊叹。对于自己行为的准则，他用一句话进行了概括："我觉得，教育孩子最重要的事，就是让孩子早点儿学习思考。"在他看来，尽早让孩子养成劳动和勤奋学习的习惯，是自然而然且理所当然的事情，甚至无须用语言加以说明。此外，在引导子女养成善于思考习惯的过程中，他们也同时培养出了家庭成员和公民应有的德行。这句话，就像一粒种子，将来不但会成长为一棵高大、葱郁的生命之树，而且会绽放出芳香的花朵，结出丰硕的果实。那些对自己的孩子漠不关心，让他们过着懒散、没有思想、没有生气、无所事事生活的父母，应该认真倾听，并认真对待。

因此，家长们请补足我们缺少的对孩子的教导，并把它们转交给我们的孩子。让我们把自己失去的、那些鼓舞和改变孩子一生的力量，重新投入我们的生命中！让我们把孩子当成老师，倾听他们的声音和他们无声的诉求！让我们与孩子们住在一起，让他们的生活给我们带来和悦与欢乐，让我们变得睿智。

语言能力的培养

在一个人的成长过程中，我们会对事物进行探索，用直觉和观察来描绘事物，我们会发现，外在的世界和外在的东西，都可通过语言与其产生紧密的联系。因此，这一时期是人类语言能力发展的一个关键时期。所以，必须用清晰、准确的言语，把孩子的行为和事物联系起来，对儿童来说，仿佛所有东西都只有通过语言描述出来才会存在。在孩子们的眼中，即使是在说话之前，他们也能看见一些东西，但是没有了语言，一切都是不可能存在的。对孩子来说，仿佛是语言本身创造了事物。因此，语言和事物就像骨髓和骨干、枝干和枝丫一样，是统一的。暂且不管事物与语言之间，以及事物通过语言与人之间建立的密切联系（家长和教育者对此产生的理解不够清楚，也没有加以重视），在人的发展道路上，所有事物似乎都是相互分离的，而所有事物及每个整体本身的各个部分也不是有机地结合在一起的。但人与物的任务要求则大不相同：人不能把一切看成是一个不可分割的整体，而应当把它看为一个整体的一部分。不应该仅仅将事物看为一个单独的整体，或者一个单一的整体，视为某个统一体和个体，而应该将其视为某个更大、更高层次整体的局部，视为某个更高共同目标的显现：对于每一个事物，不应该只看到、了解到在表面上与它分离的事物间的外部关系和联系，更应该认识和看到两者的内部关系，即内在的统一。

另外，人们对许多陌生的东西，比如陌生的地区、陌生的时代、陌生的人，比他们自己所在之处、所在之时的了解还要多得多。倘若人想真正认识自己，就必须跳脱开自己的内心，而从外部面对自己。如果人想好好认识、了解周围每一个事物的本质，并借助这些事物好好认识、了解自我的话，他就应该在童年之后进入一个新的成长阶段。这个新的阶段把本质上对立却混同的人和事物区分开来，从表面上看它们各自对立，但从它们的内部看是统一的、互相接近的。在此期间，人与物要彼此从内在靠拢。具体地说，就是将事物与语言分离，将两者视为独立的东西，但也可以融为一体。在此期间，人类以一种单独的方式表达语言，下面我们将会说到这一阶段。当语言与物体分开，说话者与语言之间就会产生壁垒，甚至在不久之后，语言会因为文字而被具体化，并被孩子认为是一种表达形式，这时，人类就会从儿童进入青春期。“少年”一词清楚地表达了这一阶段，正如“童年”清楚地表达了先前的阶段。在这段时间里，人们用自己的能力把外来的东西带到自己身边。

Chapter 3 /

少年时期

孩子的
天性

少年时期的教育原则

人在少年时期的前一个成长阶段，即儿童时期，主要把内在外部化，属于生活阶段。而当前的阶段——少年时期，则主要把外在内部化，也就是学习阶段。如果从父母和教育者的角度来看，可以把儿童阶段叫作“育儿阶段”。儿童时期以后就是少年时期，也就是将人作为一个整体来看待，这个阶段的首要任务就是教育。而前文所说的儿童阶段，主要是让孩子从特定的关系、个人的视角去认识人，从而使他们的内在得到完善，并揭示个人的内在。正如“教学”一词所表达的，教学的工作与实质在于从个人的各种内部倾向性中，对其进行观察与处理，因此，教育是少年时期的首要任务。

少年时期的教育工作，不但要依据一个人本身的天赋，而且要遵守其固有的、不变的、明确的法则，尤其要遵守人与物的共有规律。或者更确切地说，不仅要依据人类永恒的普世定律，还要依据除人类以外的一切事物的规律和人与物同时并共同呈现的法则，即依照人类自身特有的、普遍的、固定的、永久的形式。然而，这件事只能且必须借助知识以及一定的觉悟来进行，而这种办法就是最广义的学校。所以学校的作用就是提供并使人学会自身以外的事物的知识，以及对它们的本质来说存在于这些事物中的特殊的和普遍的法则。也就是通过对外在的、个别的、特殊的事物进行讲解，来引导人认识和把握普遍的、内在的统一性。

所以，少年永远是学生。从少年时期开始，不管是在家中、家庭之外，还是在家人、老师的指导下，他就开始了自己的学习道路。因此，“学校”这个词语不能只被理解为一个课堂或者一个校园，而应被理解为有意的、有明确的目标，并且有意识地通过已经知道的内部联系来传递知识。

人之所以接受训练和教育是为了完成自己的任务、实现自己的使命，就像从各方面表现出来的那样，是一种持续不断的、稳定的、始终从某一阶段向另一阶段跨越的不可分割的整体，这种整体性到了幼儿身上会变成冲动和倾向。这两者又促成了性情和心智的形成，日后在少年身上表现出心智和意志的活动。少年的教导、教学和教育方面的出发点和关键点就是把意志活动提升成坚定的意志，即主要为了实现和展示真正的人性，而鼓励并培养纯洁、坚定、坚强且永不改变的意志。

所应提供的东西和环境方面的要求

意志和人类的天性是互相配合的，它是一种自觉的心理活动，沿着一个特定的方向，向着一个明确的目标迈进。从这一定义中，我们可以了解到，在这一领域中，父母和教育者，教师和学校，应该怎样对待此阶段的少年。

少年各种精神活动发端的起点，应该是健康积极的，而这些精神活动的源头应该是清澈、洁净且源源不断的。其目标应当切实、坚定、真切，本质上具有生命力，并能有利于和滋养生活，使自己永远充满活力，不断完善和提高自己，是值得追求的，符合人类的天性、使命和本质，并且可以得到发展和实现。因此，应当让青少年的一切活动和意志都源自内心的发展、训练和表现，以便把他们的意志活动发展成真正的、完全的、坚定的内心意志。通过举例和语言来进行教学，是实现这一目标的一种方法。不能仅凭例证，因为事例是一种特殊的、单一的事物，其普遍性、实效性都需要语言来实现；也不能仅凭语言，因为它具有普遍的、精神的、多义的性质。只有通过实例和语言，这种教学才能具体化，才能体现其意义和存在的价值。

但从整体和统一的角度出发，仅有实例、语言教学还是不够的，要使儿童教育真正起到应有的效果，需要一颗纯净、无邪的童心。少年的教育也是基于此。所以，意志活动的前提是精神和感性的行为，缺少了这两种行为，就很难获得和实现意志活动！但是，孩子们希望从他们身边许多表面上看起来孤立的东西中找到它们的内在统一性，并且感受到它们所包含的精神上的联系和规律，这些联系和规律可以使他们的思想和所有的东西结合起来。通过这些联系和规律，可以获取生命本身以及对于生命的意义。

天真单纯的心灵、自然率真的性情的表现，本身就是一个统一体，是一种内心的深切渴望。对于童年时期的人来说，只有通过充分地享受生动的游戏才能够满足这种渴望。作为儿童，他把自己放在所有事物的中心，一切事物只跟他的生命发生联系。不过只有家庭生活才能够充分满足这种渴望，甚至对于人的各个成长阶段乃至总体生活来说，真正的活力和旺盛的朝气，也是纯洁善良的心灵、自然纯真的性情的重要发展，甚至是教育也无法比拟的。由于所有的观念都是为了人类的全面发展与得到教育的先决条件，任何分裂的观念都会损害人的纯粹发展。因此，从儿童时代起，家庭的生活就是一切的主宰，从其结构和形式上可以带领孩子认识更多事物，我们从儿童时期就可以清晰地看到这一点。

因此，孩子们把自己的家庭生活看作一种外在的生活，甚至当作自己生活的模范。家长们应该牢记这一点：孩子也希望能像他们所见的那样，展现他们的纯真、协调和有效。在家里，孩子们会看到他们的家人，看到大人们在生活和家庭中的劳动、工作、生产、创造，所以这个时期的儿童就想呈现出自己看到的情景。他试图表现出自己在家人劳动、工作、办事、生产时所见到的一切，并把他所知道的人们的力气和身体的表现方式展现出来。以前孩子们的活动仅仅出于行动，而现在孩子们已经长大成人，他们的所有活动都是为了一定的目标或为了创造。孩子们的行动欲望到了少年时期就变成了创造的欲望，于是，就形成了少年时期的整个外在的生活和呈现。

子女分担家务的问题

少年时期的孩子很乐意帮助他们的父母分担一些家务，这个家务并不是指那种轻松的家务，也不是娱乐的，而是说辛苦的、费力的家务。对此，家长一定要谨慎对待！如果你认为孩子的帮助是幼稚的、无用的、徒劳的，或者认为他们是在捣蛋，并且坚决地拒绝，那就完全摧毁了他们的积极性和好奇心。

在这个时候，别说："走开！不要惹事！""你得赶紧把它放下来，让我自己来！"这会扰乱他的心智。他们会感到自己被与自己有着密切关系的整体以及与自己紧密联系在一起的人排斥。尽管他们的身体里充满了活力，但是他们却不能运用它，这让他们感到非常烦躁和紧张，甚至因此变得散逸。这样的拒绝，父母不需要重复多遍，孩子就会抵触，不会主动要求帮忙，也不会再分担家务了。到时即便父母觉得能够安排孩子加入其中，他们也已经变得很容易感到烦闷。

早先每个人都曾听到父母这样对孩子说："你小的时候，什么忙都帮不上，却什么都想掺和；现在有了做事的学问和能力了，却什么都不愿意做了。"各位家长，您看看！人身上这种最初的活动欲，就其本质而言是一种不自觉的心理活动，这种情况在以后的人生中依然会出现。尤其是年轻人，在对创造性、知识和内在需求方面的活动，特别是对那些与体力劳动相关的活动产生不断追求的时候，一旦遇到外在的障碍，并且无法摆脱时，这种冲动就会迅速减弱，如果这种减弱持续下去，他们就会失去行动欲望。

那些被束缚了的孩子，不再去追问、思考自己为什么有时候能帮上忙，有时候又帮不上忙，也不再去做一些与自己的身体和天性相适应的事。孩子很容易轻忽父母通过意志要求他去做的活动，还会因此变得懒惰，即他的身体对他而言只是身体，不再充满灵魂和生命。

不过，之前有力量的感觉是不会允许他这样对待自己的身体的，他感觉自己的身体是充满着力量的强壮承载者。所以，如果家长们想在以后或某个时间接受自己孩子的帮助，就应该尽早锻炼他们的活动欲，特别是在少年时期培养他们的求知欲，哪怕你会为此做出一些克制和牺牲。将来，你们所能获得的回报，将会是数倍，甚至是百倍。请加强、发展和巩固孩子的能力！给孩子们目前所需的一切！让孩子们把自己的精力放在他们最喜欢的工作上，这样他们不但可以了解自己的能力，还可以把握自己的能力尺度。如果说以前的一切都是对家庭生活的模拟，那么现在的一切都变成了共同承担家务，包括拉、抬、挖、扛、劈。

一个年轻人要锻炼自己的身体、增强自己的力量并了解这方面的衡量尺度，就要在各种事情上不断使用、测试和估计自己的力量。他们的父亲都在自己的岗位上工作，孩子们也跟着去不同的地方工作，有的在森林和草地，有的在田园和菜园，有的在作坊和书房，还有的饲养家畜、制作小型的家用器具，甚至劈柴、锯木、堆放柴火等。少年们总是会有一些问题，例如：为什么？要如何？有没有办法？几点钟？原因何在？怎么做？目的是什么？只要能贡献出孩子们满意的回答，就能为他们打开一扇通往全新世界的大门。

语言是一切事物的媒介，而且是独立的。身体健康的少年，在童年时期接受了自然朴素的引导，到了少年时期，遇到困难不会轻易退缩，也不会选择逃避！他将勇于直面困难，并战胜它。当父亲准备把一根拦路的树枝移走时，那个身材魁梧的男孩叫道：“别管它，爸！我可以。”虽然刚开始的时候很难爬过去，但由于是他自己爬上去的，所以他生出了一种力气和胆量。如果再遇到这样的障碍，他就可以后退数步，然后冲过去。正如儿童时期的各种活动可以使孩子们感到愉快一般，今天的各种活动也可以为他们带来很多的快乐。因此，他做了很多大胆而又勇敢的事情，例如：爬树、爬山、探索高低各处、攀岩、穿越丛林和田野。在他看来，无论多难的事都很简单，无论多大的风险都不会太大。因为这方面的要求源于他的内心深处，来自他的感性和意志。

这个年龄段的少年之所以喜欢四处走动、不停地冒险，并不只是想使用、测试、估计和拿捏自己的力量，还因为他那最内在的特性和欲求现在正在不断发展，想要观赏各种事物，从整体中认识个体，特别是要将远的事物拉近，从广度、多样性、整体上认识事物，努力一点点拓宽自己的眼界。

对于年轻人而言，爬上一棵新的树，就像看到了一个全新的世界。从高空往下看，和我们平常从四周看到的完全不同。在他的脚下，所有的一切都变得清晰起来。假如我们能把自己的思想和灵魂从狭隘的环境中解放出来，把我们年轻时的思想和灵魂重新唤醒，我们就不会对孩子说："快下来，否则就要掉下去了！"人类不只是靠站立和行走来学习，也不能仅仅依靠站立、行走、坐和爬来避免摔倒，而要注意身边的一切。站在高处俯瞰，哪怕最普通的东西都能成为非凡之物！我们是否应该及早培养儿童的这种心智和性格呢？难道他不应该利用开阔的视野拓展自己的精神和胸怀，在视野清晰的高处获得对事物更加明确的理解吗？"可是这样一来孩子会变得十分冒失，我也会一直担心他。"少年从小就被教导要按照自己力量的不断增强对其加以利用，因此他只会稍稍高估经过自己测试的力量，并且会像受到守护天使的引导那样，一次次渡过危险。

但如果是那些对自己的实力和需求一无所知的年轻人，就会鲁莽行事，因为他们没有经过对自己的考察，因此即便是最谨慎的人，也不可能想到会有这样的事情发生。一个年轻人，如果没有定期锻炼自己的力量，就贸然使用自己的力量，那就太鲁莽了，太冲动了，在别人的眼中，这样会让自己陷入危险境况之中。

少年的好奇心和探索活动

年轻人在洞穴和峭壁间穿行，在幽深的树林和茂盛的灌木间穿行，这些都是很重要的并且能产生影响力的活动。这种活动是为了寻找和发现未知的事物，能够让他们看到和认识从来没有见过的事物，能够接近、了解和掌握生活在暗处和阴影里的事物。孩子从那里游览归来，总会带回一些不知名的植物、矿石，还有甲虫、蠕虫、蜘蛛、蜥蜴等生物。这个时候，他就会不断地问："这是什么？"对他来说，每个答案都能让他的世界变得更加丰富，也让外部世界变得更加明朗。所以说不要在半途就阻止他，别说："呸，快把它扔了，它可真恶心！"或是"它会咬人，赶紧把它放了！"

如果一个孩子听从了这些话，他就失去了很大一部分的力量，即使你后来阻止他，或用理性和常识告诉他："瞧，这个小东西多么天真可爱！"他也会把注意力从它身上移开，从而失去对一些知识的探索。当六岁大的孩子对你说甲虫的构造是多么奇妙，它们使用肢体的方式是多么独特，或者对你讲述其他你没有细心留意过的事情时，请你一定要注意：你可以提醒他，在捕捉自己不认识的动物时要小心一些，但千万别用吓唬的语气对他说话。

不过，我们的孩子正处于真正强壮的年纪，他们并不是非要去探索高处、低处和阴暗处。由于好奇心的驱使，他们既要到高山峡谷中去，也要去平原看一看，了解一下大致情况。瞧！他在爸爸的花园里盖了一座小小的花园。他还把一条排水渠和一只小水车很好地利用起来，这样，他就可以更清楚地、更全面地观察和理解水的流动和压力。他又利用水面的一块小木片或小树皮以及一个被堵住的小池子观察漂浮这一性质。

对于这个时期的孩子来说，他们特别喜欢研究清澈、有活力、不断变换形态的水，这可以让他们如同照镜子那样感受到自己心灵的样子；他们还喜欢研究可以做出造型的物质，比如沙土、黏土等，这也是生命发展的要素。因为现在他要想办法用之前获得的力量感控制和掌握这些物质。所有的东西都应当并且必须服从他的知识和创造力。这些土丘不但能用来做地窖、洞穴，还能用来建造花园，甚至做成长椅。山上的石头可以用来盖城堡，木板、树枝、木条和木棒也可以用来盖茅草屋。而积的雪越厚，就越能筑起围墙、堤坝或地堡。

你瞧，这两个不满七岁的小男孩，友好地搂着肩膀，在院子里闲聊着。他们打算在房子后面山坡上的树荫下盖一间小屋，里面有长椅和桌子，他们要去找一些手工制品。小屋的位置很好，可以将整个峡谷尽收眼底，使之成为一个美丽的景观。

因此，他们的这种统一的、基于自身的精神，为了共同的目的，会将所有符合自己本质、欲望和内在条件的东西，包括人和石头利用起来。于是用不了多久他们就建好了属于自己的世界。

自信会迅速要求他们占有自己的领地和只属于自己的物质。哪怕他的领地或土地只是庭院、屋子或房间的一角，甚至只是一个盒子、箱子或柜子那么大的空间，或者是一间茅屋、一个洞穴、一座花园。这个时期的少年，最好可以拥有一个外部的、由自己创造和挑选的供以后联系和使用的活动地点。如果他们想要占据更大的空间，想要掌控更多的区域，想要展现出更多的复杂性，那么他们就必须有一个共同的目标。经过他们的共同努力，他们的思想一致、心意相通，于是，他们的第一份工作就会扩展到更多方面，那些一个人做起的新工作就会成为他们所有人心意相通的工作。

家长、教育者、引导孩子的人啊，你们也许要看看我现在说的一幅画面：这里有一个教育的场景，这个群体里有八九名七到十岁的儿童。一箱积木摆在多功能房间的一张大桌子上。积木的形态与砌墙砖差不多，这些是孩子展现自己能力的最好工具。在这间屋子里，还有一些细沙、锯末，还有很多漂亮的青苔，这些青苔是他们不久前从漂亮的冷杉树林中带回来的。这时已是下课时间，每个孩子都自发地做着自己的事情：这是年轻的、安静的孩子所创造的。他们在椅子上面创作了一幅很大型的画。这栋建筑不止一层，应该算是一座城堡。他在椅子上仿佛是要从山上俯瞰山谷。那么，那个默默地在桌子底下工作的孩子建造的是什么呢？他建造的是一座有着古堡遗迹的绿色的山。在另外几个孩子的手中，平地上建起一个小村落。如今每个人都完成了自己的作品。他们都在观赏自己和别人的作品。每个人都表达了自己的某种思想和愿望，想把自己的作品和他人的融为一个整体。大家一发现这个共同的心愿，就开始铺设村落、古堡、城寨、教堂之间的道路，还在它们中间弄出了草地和小河。

下一次，你也许会发现：一些孩子用泥土创作了一幅漂亮的图画；另一个孩子用厚实的纸板盖了一所房子，窗户和门也都齐备；又一个小孩用胡桃壳做了一条小船。他们也欣赏他人的作品，认为将自己的作品与他人的作品相结合，一定会更有吸引力。这座纸屋就像一座高高的宫殿，坐落在有风景的高地上，而小船就在人工湖里漂浮着。甚至最小的孩子，也很高兴地把他们的羊儿们赶到了群山和湖泊中间。他们聚在一起，享受着自己的杰作。

此外，年纪稍大的孩子们在井边和小河边吵了起来。他们建造了桥梁、水道、堤坝、闸门、港口和水轮，却没有一个人去留意和关心别人的工作。但是，按照自然规律，河流和船只能从高向低走。但他们既是主人，也是创造者，他们都坚持自己的权利。因为每个人都有自己的权利，并且认识到别人的需求，但中间需要有什么力量起到协调作用。唯一的办法，就是约定。各国之间的联盟都是按照严格的约定来的。

谁能解释这些儿童活动在各个方面的重要意义和结果？它肯定有两重意义。少年的精神和心智是由相同的精神和心智产生的，想要通过协议结盟的少年都是品行端正的学生。他们聪明、好学、善于思考和表现、勤劳而有志向。这些孩子的想法和行为都非常优秀，他们有自己的想法，并且能够把事情做得很好。而参加这些活动的儿童，将来都会变得很出色，变得很有主见、做事谨慎、精明强干。在此期间，在花园里种些植物是很有意义的。因为人在此时可以看到它们经由自己的行动以一种符合规律及必然性的方式产生出成果。尽管从各个角度来看，这些成果都与自然力的内在法则相吻合，但是，这也要依赖于儿童的行为与思考。因此，他在自然中的生活和对自然的探索，充分满足了他对自然的了解，驱使着他长期观察和利用自己的感官来认识花草。而自然界对待这种欲望和努力似乎也非常仁慈，还用一种令人愉快的成果作为回报。因为只要看看少年的花园就会立刻发现，在少年的细心照料下，花会成长、盛开得十分茂盛而有活力。而少年带着特别的关爱所期待和观察并与之共同生活的植物，也会长得十分茂盛。

如果不能让孩子拥有一个属于自己的花园，那么至少应该给他一些花盆或是花瓶。花盆或花瓶里要有一些容易存活的枝叶繁茂的普通植物，而不是那些稀有的难以照料的多叶植物。懂得如何照顾、爱护一种外部生命（即使是较低等的），也能很容易地被指引去照顾和珍视自己的生命。同时，通过照顾植物，儿童也可以满足自己对大自然中其他动物的观察渴望，比如蝴蝶、甲虫和鸟类。

少年游戏和活动的特点

少年这个阶段孩子参与的所有游戏、活动都不只是单纯地为了表现。其中有许多活动是为了运用力量、衡量力量，甚至有一些活动是为了单纯地展示力量。不过这个阶段的游戏往往具有一种独特的可以代表其本身及内在生命的性质。就像在之前的阶段，即童年时期，孩子们参与游戏的目的就是为了活动本身，现在少年参与游戏则带有一种特定的、有意识的目标，也就是说，游戏的目的是表现，即表现行为本身。

随着孩子年龄的增长，他们参与的游戏也越来越具有自发的特点。甚至每一种游戏都与身体活动有关，比如奔跑、击打、球赛、作战、对阵抓人以及狩猎游戏等。孩子身为个体和群体的一分子时，会拥有明确的、可靠的力量感以及力量得到提升的感觉，这就是各种游戏中所洋溢的、令人不知疲惫的感觉。不过在这里得到充足且提升力量的养料，不只是为身体的、生理的、肢体的力量，而是以一种提高、提升、坚定、可靠的方式显现出来的在所有游戏中更有精神、道德的力量。

如果要衡量孩子在游戏时的重心在哪里，是在心理上，还是在肉体上，那就很难说了。公平、克己、节制、正直、忠心、友爱以及严格的公正，当人靠近这样一群正在玩游戏的孩子时，都能看出由心灵、精神和坚定的意志开出的这些美丽的花朵，以及一些色彩明丽，却因为不够芳香而没有被编入花束的花朵：勇气、毅力、果敢、谨慎以及吃苦和对舒适、懒惰的鄙视。各位可以去这些孩子的游戏场所看一看。在那里，花朵的芬芳更浓，勇敢自由的孩子们把这些花朵看得很重，就像一匹健壮的骏马，对躺在自己跑道上的人会有一种怜悯的感觉。像紫罗兰、迎春花这样娇艳的花朵，代表着对天真、脆弱和幼稚的人的容忍、爱护、尊重和鼓励，以及对不了解游戏的人的包容。

在教育方面对游戏勉强容忍的人们，不妨考虑一下！虽然会出现一些粗鄙的言辞和粗鲁的行为，但在培养的力量出现之前，最初具有的力量和对力量的感觉是十分必要的。少年具有敏锐的、明确的、透彻的眼光和感觉，能够帮助他们更好地认识人和事物，所以他们在面对判断力和能力与自己势均力敌或至少表现得旗鼓相当的对手时，会做出敏锐且明确，甚至是严厉且粗鲁的判断。

每个地方都应该为孩子提供独立的娱乐场地。对于社区整体而言，这将产生很大的影响。由于这种成长的游戏，无论在哪里都是一样的，因而孩子对社会的意识和感觉也会随着时间的推移而增长。孩子会想方设法地了解自己，衡量自己，甚至通过自己的伙伴认识自己，从而发现自己的本质。因此，这些游戏可以直接影响人生。

不过，季节和天气并不总是允许孩子在完成家务和功课后在户外锻炼并发展自己的能力，尽管如此孩子也绝不应该无所事事。因此在这个阶段，形成少年时期及其教导的重要组成部分是与室内和房间有关的所有外部工作和表现，特别是被称为机械性工作的部分，即纸类和糨糊的制造工作等，对他们来说这是非常重要的。

少年时期故事和歌谣的重要性

所有外部的工作、活动都无法满足人的天性当中对于“自己出生之前”的事物的一种追求、一种欲望以及一种要求。无论是对于他，还是对于他在一个符合他天性的教育中的需求和需要来说，对于这个时期的孩子，任何外部的工作和活动，都远远不够。不管现况多么完备和丰富都满足不了他。因为他通过现在的某些事物认识到在过去也有过一些事物。他想了解这种在他出生之前存在的东西。他想了解现在这些事物在过去的起因和根源。年纪渐长后，他希望有什么东西可以让他了解到这些知识，比如从塔楼、城墙、遗址等古代建筑，以及山上和道路两旁的纪念碑和石柱中看到什么，他会从心底里渴望得到一个解释。

每个人都曾在心里产生过阴暗的、隐约的预感：或许有一天这些东西能够告诉自己它以及它那个时代的故事。但是除了那些在他出生之前就已经饱经风霜的长者，还有谁能够根据自己的经验和见解将这一切告诉他呢？他希望有人为他讲解、说明这些。于是一种欲求，即对故事、对传说、对小说以及后来对历史的需求便在这个年龄段孩子的内心悄然萌芽。

这种需求十分迫切，特别是在它第一次出现的时候，在这个年龄段的孩子当中是非常强烈的。它甚至强烈到当自己没有办法从周围获得满足时，便会脱离少年群体设法从自身寻求满足。在休息的时间，也就是当日常的劳动和事务结束时尤其会发生这种情况。每个人都曾见过这样的场景：一群同龄的孩子围着一个少年，少年出色的记忆力以及生动的想象力使自己成为伙伴们之中负责讲故事的人。特别是当他的故事满足了他们的生活愿望，印证了他们的行为、行动和判断时，即他所说的话和例子与孩子们的内心和谐一致时，孩子们便对他充满敬佩之情。

不过即便是少年正生活在其中的当代，也有很多这个成长时期的人无法解释却又很想做出解释的事情。他期待在他眼中沉默无言的事物能够说话。他期待在他眼中没有生命的事物活过来，充满朝气。他希望别人能向他解释这些。他希望在他看来沉默无言的事物发出的无声的语言可以被人听到，让它们能够说话。他在内心深处感觉到所有事物内在的生动的关联，他想通过语言倾听它们清楚的表达。但是别人也不总是经常满足，甚至无法满足少年这样的愿望。于是对寓言和童话的生活需求和急切渴望便在少年的内心产生了。这两种东西赋予了沉默无言的事物语言和理性，而后者超出了人的关系以及人性的、尘世的现象限度。只要对这个阶段孩子的生活进行过比较深入的、全面的观察，就会发现这一点。哪怕孩子的这种欲望不能从周围人中得到满足，也会通过自己编造的童话和寓言来满足自己。这种活动要么是为自己进行的，要么是为自己的同伴进行的。从旁观者的角度来看，这些童话故事能够将讲故事的少年内心深处的东西不知不觉地显露出来。

但他就算是自己用贫乏的语言把内心深处感受到的、酝酿的东西表达出来了，也仍然希望听到别人把它说出来。他想用文字来表达内心充满的快乐、力量和青春，但他感到自己无法做到这一点，所以仍然在寻求一种语言的表达。他从来没有从自己身上找到过这样的语言，因此，只要他能从那些外在的箴言中，尤其是从诗歌中发现这样的话，他就会从心里得到极大的快乐。在这个时期，没有一个快乐的孩子会不爱唱歌。他可以通过歌唱来体会自己的真实生活。他在山间和峡谷中漫步，感到自己的力量在不断增强，于是他张口，尽情地歌唱着激动人心的歌曲。

孩子内心迫切地渴望了解自己。他在游戏时总是一次次回到水边，所以我们才能在澄澈、纯净、平静或流动的水边看到他。因为他可以从水中看到自己以及内心的图像，并希望借此了解内心的本质。对他的内心来说，河水、湖水、纯净的空气和清晰的山峰轮廓是非常重要的，就像游戏一样重要。这是未来等待他面对的人生奋斗的一面镜子，所以，为了增强自己的力量，少年和未来的青年甚至会在游戏中寻求障碍、困难和争斗。

他总是不断地接近鲜花、破旧的墙壁和腐朽的宫殿，因为他对过去和大自然的知识充满渴望。这是一种强烈的欲望，这能激发他的内在和灵魂，促使他继续向那些歌谣靠近。所以，许多孩子的外部表现及行为举止都明显带有一种内在的、精神的意义，象征着少年内心的、精神上的生活追求。如果父母能从孩子和青少年身上找到这样的符号，就能通过这点了解他们的精神生活，这对他们的家庭和他们的前途非常有利。父母和孩子由此形成了一条新鲜的、活跃的感情纽带，并将孩子们从现在到未来的一切生活都串联起来。

Chapter 4 /

学生时期

孩子的天性

学校的性质和使命

什么是学校？学校是一个机构，它努力帮助学生认识事物和自身的本性及内在生活，教学的目的就是使学生领会万物的统一性，以及一切事物在万物规律中扎根存在的认知，以便孩子日后在生活当中能够按照这种认知进行生存活动。课程，即教学，就是达成这一目的的方法和途径。因此学生在学校和课程的帮助下，总有一天能够见识到外面的世界，并发现从某个方面来说，这个世界与自己并不是一种对立的、疏远的、不同的关系，而是相辅相成的。

接下来，学校还会指出各个事物的内在倾向以及它们之间的关系和联系，并不断将其上升到更高层次的概括性和精神性。这样，孩子们就从外在的、浅显的角度，走进内在的视野，更深入地认识和掌握事物，从家庭的次序走向更高的世界，把孩子变成一个学生，而学校也成了真正意义上的学校。

学校之所以能够成为学校，是因为它具有能够使万物在其中保持朝气并进行活动的精神和生命的气息，而不是因为它是一种具有能使学生学到或多或少多样性知识这一外在特征的机构。这句话值得任何以学校的领导、组织和管理等作为自身职业的有心人仔细思考。因此，一个真正的学校应当建立一种清晰的觉知，即在学生与外部世界之间或之上，成为把二者的本质和内在完美结合起来的中介，从而实现语言交流和互相了解。具备这项技艺的教师大多被称为教员，因为他能为更多人、大多数人讲解事物的统一性。他之所以要成为一名教师，就是希望能够向自己和别人解释并让他们了解事物内在的精神实质。而每个学生，对学校的教员也有这种期待、信任和要求，这也成了两者之间无形却具有重大影响的纽带。儿童这种期待和信任，使得学校过去的教员在唤起学生真正的内心生活方面，能够比现在的教师产生更加深远的影响。虽然后者使学生了解了很多东西，但那并不能指出事物内在的必然和精神上的统一，也不能将两者关联起来。

大家千万别说，即使这种关于学校的高尚且至高的观点是真实的，而且这个观点的精神、内在形象是确实存在的，也是很难被证实的。至少，当一名担任学校教员的裁缝如同教皇一般坐在讲台上，而学生们则是机械地背诵各种课程的基础教材；或者在冬天当一名老木匠在昏暗的教室里，用将楔子打进木头的声调解释问答册子时，也许根本没有什么精神的气息、本质和生命了吧？

但是，还是要谈论，不然盲人如何给瘸子指路，瘸子又如何帮助老人走路呢？只有孩子的预感、信赖和天真才会期待和相信他们的老师——正因为他有了现在的称谓，他才成了学校的教员，所以能够将外部分离的事物在精神上结合起来，赋予死板僵硬的东西以生命，并为生命赋予一定的意义。不管这个猜测多么荒谬，它都是学校里唯一能让老师们发挥作用的东西。这种期待和信任，是所有生命的源泉，它能让岩石成为老师交给儿童的食物，如果不能使人的思想得到满足，至少可以成为一种精神上的养料。这种期待、信任和要求，是唤醒一切的精神和气息，哪怕飘浮在充满烟尘的围墙内，也可以使学生爱上自己的学校。

真正的学校精神，不需要通过外在表现出来。如果教室的通风条件太好，让风和气流吹走高尚的精神生命及生命气息，那么它也算不上是好学校了。明亮、通风的教室是自然给予的珍贵的礼物，值得师生们感激，只是这些事物本身算不上最重要的。有人说过：“饮食习惯和身体上的准备确实是值得鼓励的自律，但真正有价值的和训练良好的却是那些拥有信心和信念的人。”这句话在这里也适用。学生上学时正是怀揣着这种信心和信念、希望和预期，才能让一切得以实现，在上述学校生活里发挥极大的作用。因为，孩子在学校的时候，就是抱着这样的信念、希望及隐约的期待，来学习他们在外面学不到的东西。在那里，他们可以得到物质和精神上的营养，而在其他地方，他们只能得到满足身体需要的东西。孩子们的心中充满了希望与信仰。在这儿，食品和水可以缓解饥饿，但在其他地方，人们吃完喝完后却还是会觉得口干舌燥。

对儿童来说，教师是大人，即使是普通的言辞和话语，只要出自教师之口，儿童就会带着这种信念认真倾听。哪怕这些话并没有什么深刻的精神内涵，但孩子们有信心能够从中有所发现，而他们高度的精神消化力则能从木头和草屑中汲取营养。即便只是裁缝、木匠或纺织工人来为他们讲课，只要开始正式上课，对学生来说他们就不再是裁缝、木匠或纺织工人，而是真正意义上的学校教员了。

同样，不论是乡下还是城里的教师，不论是风琴师、诗班领唱还是校长，过去是、现在也是名副其实的学校教师。不过要问一问每一个学生，每一个乡下或城里真正的学生，他是带着什么心情、什么感觉走进教室的。他一直以来每天都多多少少会意识到，自己似乎走入了更高层次的精神境界。不然的话，为什么每个学生在一周的每天都兴致盎然并发自内心地感到兴奋，还带着对生命真实的体会，来一段段、一节节地唱诵乃至记诵“飞扬吧，我的心和灵”等形象丰富且充满异国风情的歌谣呢？不然的话，处在人生初期乃至中期的孩子，狂飙时期的孩子和年轻人又怎么能够记得这么纯熟，如同扎根于磐石、倚靠着大树那样茁壮成长呢？

大家不要把学生的一些嬉闹视为叛逆，恰恰是因为学校发挥了作用，提升了内在精神力，实现了目标，还提供了真正的食粮，孩子们才觉得没有束缚，能够自由自在地活动。真正的学生不应该精神低落、无所事事，而应该朝气蓬勃、身心健康。所以说真正有勇气的学生，会愉快地按照自己健康的生命活力去行动，很少会顾及自己的行动会不会对外在生活产生不利的结果。

在上述基础上，我们已经为下面的问题找到了一个答案，或至少可以很容易地从这些内容中获得一个回答：什么是学校？学校和教育是如何运作的？我们应该成为谨言慎行的人，全身心地思考、观察并保持理智。我们首先应该努力培养思维的能力，在生活中表现出对万物规律的思索，同时还要明白就连尘世的一切都会获得权利和满足。我们应该知道，在万物之中，我们是什么以及应该是什么。我们应该知道，对世界上万物的现象和存在来说，我们和万物构成了这个自然的殿堂。我们应该知道，我们拥有人的美德，还应该忠实地根据这种认知知道自己的行动和活动。学校应该带领我们向这个方向前进，学校及课程应该与这方面一致，并按照这个目标来安排。

教学内容的考察

那么，什么是学校要教授的？作为学生，儿童应该学习些什么？要想得到答案，必须先从儿童期、学生期的发展状况和需求入手。但是，要了解这些状况和需求，就需要对孩子们的行为进行观察。观察完他们的表现之后，我们应该教孩子什么呢？

作为儿童初期的人，其生命和现象，我们眼前首先出现的就是一个具有他自己精神的自我和充满生气的生命，还显示出一种朦胧的预感，即这种精神自我来源于、决定于、依赖于一种更高的、至高无上的存在和本质，这个存在和本质也决定了所有事物的存在，是它们的根源和依靠。儿童的生命和现象，表现了一种充满生气的、复苏的感觉，就像在水里的鱼儿、新鲜的空气里的人和万物一样。作为儿童和开始学校生活的学生将自己感受到的精神实质表现出来，他会努力将那种感受逐渐弄清楚并对那种预感加以证实。作为儿童和开始学校生活的学生带着预感、预期和信念去面对自己身在其中并与之相对的外部世界。就像他的身上也有一种相似的精神，外部世界也像他一样被这种精神渗透。

在每一个新的春天和秋天，每一个清新的清晨和宁静的夜晚，每一个平静的假日，都会在儿童心中产生一种不可抑制的、控制并掌握万物存在的需求。对儿童而言，外部世界有两层含义：一层是根据人类的意愿和需求，也就是人类的请求而产生的；另一层是根据对自然力的需求而确定并生成的。在这个外在的形式、物体的外部世界以及内在的感受和精神的内部世界之间出现了语言。这种语言最初是在两个领域融合之后产生的，后来逐渐分裂成为一个独立的个体，因此两者之间也有了某种联系。

在此，外部世界主要是指自然，而将感受和自然二者联系起来的语言，则是孩子生命的中心，也是全体人类在启蒙阶段的核心。学校和课程应当通过这三者，引导儿童去掌握虽是三个方面却融为一体的知识：从不同的方面认识自我和全人类，也就是说从本质及种种关系上去认识；认识万物，包括它的本质和所有事物本质的永恒条件、根本和来源。学校课程应当引导人实现与这三位一体的认识和谐、一致的生活和行动。学校课程应当通过对三位一体、意志倾向的认识，引导儿童从意志活动不断向意志坚定发展，进而实现自己的天性和使命，使自己在尘世中达到完善的境界。

人的观察和自然观察

从树木的生命中，我们不但可以直接看到个体的生命现象，而且通过对自己和个体发展的观察，还可以直观地看出个人的生命发展过程反复表现了人类精神发展的历史，以及可以从总体上把整个人类视为一个人，并从中看到个人成长必经的各个阶段。因此，在树木和植物的生活中，我们可以看到一切人类生活必要的发展，此结论非常精确，绝不能说是武断的，但是，我们丝毫没有意识到这一点，更不要说去解释了。如果不是大家对这个结论完全不了解，如果不是大家还没有建立对自然外部现象的重视以及对内在生命发展的重视（虽然这在目前是非常少见的），这种仅仅粗略提及的自然观察和考察原本可以有更广泛的应用。

倘若我们从自然中各种个别现象的象征意义的内在根源出发，特别是从自然事物的发展阶段及其现象中，去探究人、人的各个发展阶段及其现象的话，就会清楚地发现，其中具有牢固的基础，也就是人与自然处于同一、永恒且统一的存在是有共同基础的，两者发展依据的是完全相同的规律，只是发生的发展阶段不同。

通过比较和联系人类普遍发展的事实和现象的自然和人进行的观察，可以相互说明并相互引导对对方进行更深入的了解。通过明确了解人的精神对外部创造的决定性和创造性之间的关系，也就明确了解起决定作用和创造作用的自然万物，即大自然的关系，也认识到有限产生自永恒，肉体产生自精神的方式。因为虽然人在表面上看是有限的生物，但在创作和表现自己的作品时却不一定需要四肢等进行创作，光凭他的意志、他决定性的眼光和流露的话语，就能够用来制作、创造他的作品。尽管人从生命的外表来看是有限的，但他不需要物质的东西就能够使原料和素材具有各种形态。

如果有人在这方面还需要佐证，可以对由内在的非物质的意念到有形的、物质的词语乃至文字的发展进行考察。就连最难以理解的部分，也就是最内部、最精神的事物中产生了外部的、物质的事物这件事，人也可以将自己最特别、最内在的思想转变为外部作品，即不是从概念上，而是通过单纯的事实本身使人加以认识和了解。

所以，就像艺术家的精神存在于艺术作品中一样，人的精神存在于人的作品中，人的精神源泉也存在于自然中。就像艺术作品按照它的精神在自身之中生存和活动，并与它的创作者产生联系一样，自然也按照它的精神，与它的创作者，和人之间的内在精神关系来生存和活动。

就像艺术界的人的精神以无形和有形来表现，以致它成了一个既无形又可见的精神王国一样；自然界也以既无形又可见的方式表现出一种内在精神，所以也形成了一个既无形又可见的王国。这个王国具有三重性，即可见的、无形的和既无形又可见的，并洞察、承认和接受其对我们的生活发生作用，带给我们平静，这是我们从自身内部和外部所追求的平静，是我们第一次感受到自己长期以来所追求和寻找的平静，为此甚至不惜失去我们自己的生命、外部的所有物、外在的幸福（不管是以什么名义）所追求和寻找的平静。

观察自然的重要性

要让人，特别是儿童与自然保持亲近。这里指的不是自然的个别事物和表现形态，而是自然中存在的精神力量。儿童也深深感受到这一点，并要求这样做。所以教育者和学生一起努力探索自然、研究自然事物，最能让自然感受到儿童热爱自然的心。父母和学校的教师应该重视这一点，因此教师应该至少每个星期带着各个班级的学生去野外进行一次探究，别像我们所看到的那样把他们当作羊群般驱赶出去，也不要像带领一群士兵似的把他们领出去，而是要像孩子们的父亲、兄长那样，与他们一起去，带着他们在周围观察和了解自然向他们展现的景色。

生活在村庄或乡下学校的教师可千万不要这样说："我的学生整天待在野外，到处跑来跑去。"是的，他们是在野外奔跑，但他们并没有生活在野外，也没有在自然中生活。这不只与孩子有关，也与许多和自然打交道的大人有关，就像一般人与空气的关系那样。人生活在空气中，却不了解空气的情况，觉得这与自己无关，更不要说维持生命所需的体魄了。因为按照一般的说法，这里所指的空气，不仅仅指空气的气流，还可能指空气的温度。所以那些总是在野外奔跑的孩子根本看不到、意识不到、感受不到自然的美及其对人的精神的影响。

这些对他们来说，就像一个生长在美丽的地方的居民，根本感受不到故乡的美好与灵性。但是，最主要的是，孩子们能够透过他们内心的眼睛去想象、发现、看到周围自然中的事物和生活；但成年人的身体里，没有这样的力量，他们的生命，他们的种了，才刚刚发芽，就受到了束缚和压制。儿童出于对长辈职责的觉察和对长辈的尊敬会要求他们证实自己内在心灵的感受。但是，如果孩子们没有找到这样的证据，就会产生两个后果：第一，他们对自己的前辈失去尊敬；第二，他们对自己的感情也会倒退。所以，在春游的时候，要让孩子们和成年人一起去探索，去汲取大自然的活力和灵性，并让它在自己身上存活且发挥作用。这样，很多孩子就会迅速改正以前懒散、无用和消极的行为。

我们在年幼的孩子身上总能看到他们出于好心去照顾小动物，但是把这些小动物折磨得很惨（当然，这并不是什么虐待）。从儿童的活动方面来说，他们之所以这么做是有其根源的，他们希望知道动物的内心世界和它们的本质。但是，如果不对其进行解释和引导，孩子很有可能会变成残忍的动物虐待者。

认识和观察自然

父母、教师和教导儿童的人们，千万别对孩子说“对于这方面我完全不了解，什么也不懂”。这里所说的并不只是传授自己已知的知识，还要启发孩子去探索新的知识。各位应该在观察事物的同时，带领孩子一起观察，并让自己与孩子意识到所观察的事物。

要认识自然中普遍的规律性及其统一性，并不需要知道自然事物及其特性的术语，只需要按照事物和语言的本质，简单、明确、可靠地理解和确切地形容它们。在向孩子们讲述自然事物时，并不是简单地告诉他们事物的名字，也不是将自己已知的意见和观点教给他们，而是应该单纯地介绍事物本身，并让孩子认识它们呈现出来的特性。让孩子把这些事物视为特定的、独立的事物，通过其自身、形状等表现去观察。只知道自然事物之前早已确定的或是得到普遍认可的称呼是没有什么用的，只有对其性质（不只是特殊性质，还包括一般性质）有了清楚的观察、明确的认识及正确的表达才是最关键的。

你可以用方言中的称呼去称呼自然事物，如果你真的不认识它，也可以给它起一个临时称呼，或者最好给它安排一个描述性的称呼（哪怕有点儿长），直到你从别的地方了解到它的一般称呼为止。这样一来，过不了多久，你就会记住它们普遍被接受的容易理解的称呼，从而把自己的知识和一般知识统一起来，并用一般知识解释和补充自己原来的知识。

因此，乡村学校的老师们不要说“我对自然事物缺乏了解，我不知道该如何称呼它们”。即便你只受过最基础的教育，也可以通过实地观察，获取对自然事物及其多样性的较高级和较深刻的外部和内部以及更鲜活的知识，而不是普通的、唾手可得的、通过购买书本得到的知识。

此外，那些所谓较高深的知识一般是以普通人也能够理解的现象和知觉为基础的。甚至，只要他善于经常使用自己的眼睛随时随地进行观察，就能够只用很小的代价，甚至不需要付出任何代价，就能得到十分美好的结果，甚至比最昂贵的实验所能显示的结果还要好。但是，这不仅需要他自己通过细致的观察来完成，更需要他遵从周围的儿童世界的带领和指导。

作为父母也不要感到害怕，千万不要说：“我什么都不知道，该怎么教我的孩子呢？”你或许真的什么都不知道，但你需要主动去了解。你什么都不知道，那就跟着孩子一起去请教自己的父母，跟着孩子当孩子，跟着学生当学生，让自己与孩子一起向自然界请教吧！倘若你遵从这种带领和指引的话，自然界就会指导你、引领你。千万不要说“我没读过书，这个问题我不了解”。把知识教给第一位学生的人，自己可以与对方一起去寻找源头。大学的目的之一就是，边看边学，打开学生获得外部和内部知识的心灵之眼。但是，倘若只要求那些上过大学的人（或是像你们说的“念过书的人”）才会、才应该观察的话，对人类来说那可就太可悲了。不过，倘若各位父母和教育者及早让自己的孩子和学生学会观察和思考的话，那么大学也就会重新成为它应该和想要成为的场所，即认识最高精神真理的学校，从自己的生活和行动中体现这种真理和智慧的学校。

肉眼和内在之眼

从自然和生命的每一个点、每一个事物出发，都能够走出一条与万物规律相遇的路。抓住这个点，好好地走这条路，你就会信心百倍并确信这样一条真理：自然之因肯定不止一个，但确实有一个可以让人认识到其最精妙之处的、内在的原因。因此，你能够从一般中认识特殊，从特殊中认识一般。

自然现象构成了一架能够上天入地的天梯，而且它不是片面的，而是全面的；不是朝着一个方向，而是朝着所有方向。这架天梯并不是你在梦境中看到的，它是永存的，时刻围绕着你；它是美丽的，周围布满花朵；它是由立体形状构成的，因而十分牢固，并扎根于立体形状的世界。倘若你想在多种多样的自然现象中找到稳固的支点和牢靠的梯子的话，数字就是这样的一个支点，它所指引的路是非常可靠的。它能够直接凸显依赖于它的事物以及力的最内在的本质。就带着清澈如儿童一般的眼睛、感受和情感去观察吧！让这样的眼睛和感受指引你前行吧！值得安慰的是，你很早以前就知道，单纯、自然的孩子是不能接受片面的真理和错误的观念的。尽量冷静地运用感受和感官去认真对待他们的问题吧！这些问题会让你和他们从中受益。因为问题产生于仍然怀有童真的人的头脑，而一名少年、一名儿童提出的问题，都是父母及一般人可以回答的！

你说："幼儿和儿童提出的问题，是家长和一般人无法回答的。"你说得没错。或者你站在人间和天堂大门边坦率地回答，孩子的心灵和精神会感到满足；或者你站在自己知识和认知的边缘，肆无忌惮地表达自己的看法。只是当你是站在人的一般见解的边界上，这样一来就会压迫和摧残人的精神，尽管它是不能被扼杀的。在这种情况下，你可以问问自己内在的生命，把它与你外部和周围的生命进行比较，引导儿童也进行这种比较。一旦你在这方面拥有了成熟的见解，你就会得到问题的答案。这样一来，你就有了清晰的感受，不会觉得暗淡、模糊、混乱，而是会如同人的精神、理性所要求的那样，用可靠、可信的心灵之眼去观察你们要探索的事物。这样，尘世欲望便会得到满足，自己的内心也会恢复平静和安宁，还能得到应对苦难时需要的安慰和支持。

数学教育

为了认识自然界各种各样的内在关联，人需要寻找可靠的支点和牢固的梯子。还有什么比自身包含无限多样性、可自行发展出无限多样性、规律性和明显表现规律的数学，更能提供可靠的和更具统一性的支点呢？由于这门学问包罗万象的特质，因此从一开始，知识的学问、认知的科学便被叫作数学。千百年来它不仅保住了这种地位，更在当下这种地位岌岌可危的时候，从内部闪现出从未有过的光彩。数学到底为什么能够取得且能始终保持甚至还能一再更新这种地位呢？数学的本质、由来和影响又是什么呢？

数学作为内部和外部世界的现象，既属于人又属于自然。数学作为纯粹精神和纯粹思维规律的产物，以及思维规律和思维本身有形的表现，能够从外在世界发现必然受其约束的现象、关系、形状和结构。它从外在世界及自然界中将这些完全独立于它也独立于人的精神和思维的东西找了出来。因此，人从自身以外且独立于自身在自然的外部世界所构成的丰富多样的形状和形体中，从自己的内心、精神和思维的规律中，重新发现了自然。因此数学便表现为内在和外部世界、思维和感受、人和自然的学问的统一体和媒介。这一伟大的使命，将会随着内部和外部世界、制约者和被制约者的存续而一直延续下去。

因此，可以从自然的形式和规律出发，通过人的思维所外化和形成的法则，即数学，来认识自然及其本质。数学在其中起到媒介、统合、产生知识的作用，通过本身直接约束知识的成果，因此数学不是死板的、闭塞的东西，也不是由外部零星的、偶然发现的形式和道理堆积起来的，而是具有生命力的、一直在自行重组、与人的思维和精神一同发展，从统一和多样、认识和直观方面全面提升的统一体。因为它是人类内在思维可见的翻版，表现了纯粹精神本身的规律性，从这方面来说，它是生命的整体，是必然和自由的产物，因此数学既不是某种与现实生活完全不同的东西，也不是由此分离出来的东西，而是生活本身的表现。因此数学的本质就存在于生活中，生活通过数学才被认识。

就像思维和思维规律本身要从统一向多样和全面过渡那样，表面上从多样性（外在的东西）产生的，却常常要回归到遥远的、模糊的统一性（内在的东西）之中，因此数学也必然会从统一向多样和全面过渡。尽管从表面上看，数学似乎产生于个别和多样性，但它的全部观察和推论，却常常以必然的、内在的统一为条件。因此数学的所有形式和规律，必须被认为是存在且产生于在球和圆中，并受其制约，再反过来回归到球和圆，也就是回归到统一体中，而球体本身却被认为产生于具有自动的力的统一体。因此不应该将数学的形式和规律看作由外在任意组合而成，而应该看作由必然的内在条件产生，是一种自动的、原本由中央向所有方向发生作用的力的产物，因而不应该将其视为彼此分离的东西，而是存在必然的内在的联系的东西。哪怕在最初的课程中从个别和多样出发，也必须回归到无所不在的如同灵魂一般起着制约作用的统一体中。

数学由空间决定，并且表现了空间的条件和特性。因为数学的基础是统一体，因此它也是统一体。就像空间同时包含着各种向量、形状和广度的多样性一样，数、形状、大小也是一个密不可分、相互制约的三位一体的统一体。因为数不仅表现了多样性本身，还表现了制约着多样性的向量，因此它绝不是一种由没有生命的外物产生出来的东西，而是根据具有内在生命力的、扎根于力的本质的规律所产生的东西；但形状和大小只能通过多样性进行解释。因此数、数的知识是认识三位一体的统一体最根本和首要的东西。因此数的知识是有关形状和大小的知识、是通常所说的几何学知识的基础。但空间本身绝不是一种死的、静止的、永不改变的东西，而是一种只能通过处于绝对存在的力的恒常作用而存在的东西。

因此，应该从物理学和力的角度对作为自然和力的产物的数学进行探讨并加以重视。如此一来，它肯定会比一般人现在设想的更加有益于认识自然，特别是对于认识化学（物质的东西）以及精神的作用和本质、人的思想和感觉的规律，会有很大帮助；甚至对研究数学的各种曲线、球体等也有很大益处。

人的教育要是没有结合数学，或没有数的知识（包括形状和大小的知识），就是毫无根据、东拼西凑的东西，会给人和人类的使命与天性的培育和发展设下难以逾越的障碍，使得那些无法摆脱精神上的渴望又不能通过自身努力得到想要的结果的人，由此耽于空想，或者对没有成果的心智的操劳感到厌倦，从而失去动力，因为人的精神和数学是密不可分的。

语言的性质

通常来说，语言是指一个人将内在的东西通过外化了的东西进行阐释和呈现的过程。“说话”一词也表明了这点，它的意思就是绽放自己，让自己在内部分化、分裂，就像打开一件东西，或者说凸显一件东西的核心。就像花苞的绽放是要表现和显示这朵花的内在奥秘，说话则是自动地把内心的东西表现出来。因此语言的作用就是向外表现内在的东西，也就是把内在向外表现出来。人的内心最深处是一种不断活动的、活生生的东西，即生命，因此一定要通过声音和单词将生命的特性和现象表现出来。因此，人类完善的语言作为一种与人的本质和内在联系着的表现，可以通过最微妙的活动表现出它的最细微之处，因而一定可以被听见。

为了能够经常且全面地表现自己，语言必须达到最高等级的灵活性。人以及作为自然现象的人，也完全具备自然的本质，因此才会在语言中像表现人的本质一样，将自然的本质表现出来。由此可见，语言是人的统一体内在、外在的翻版。因此语言一定存在于自身并通过自身表现规律及规律性。语言必然能表现必要的规律性。因此从统一体和个体来说，内在、外在的总体规律一定表现在语言中并存在于语言中，实际上也是如此。

语言和数学一样，具有两方面的性质，既属于内部世界，也属于外部世界。语言作为人自身的产物直接产生于人的精神，并表现和表达人的精神，就像自然是万物规律的精神呈现一样。在作为人类自身产物的语言和作为自然模仿的语言之间，由于一致性引发了一个问题，即语言到底是纯粹的精神产物，还是自然的仿作？两者的问题源于所有事物中都有同一个规律在起作用，都存在同样的精神；原因在于自然和人的精神本身是一样的，它们具有相同的基础和根源。因此，就像语言表现了人和自然，从而也表现了万物的精神一样，它也产生了人和自然的知识，也就是自然规律的外现。因此，从自然观察的角度来看，语言本身表现了上升为生命的力；从人的角度来看，语言本身表现了处于自觉过程中的人的精神。因此语言一定存在于人的本质之中，这种本质正处于自觉过程中，而且必然会成为意识。语言与人的本质密不可分，且受制于人的本质。由于语言的本质中存在双重性质，即引介和联结的性能，因此它必然具有数学的特性和物理的特性，即生命的特性和活动的特性。因此语言不仅将自然的一般的根本关系和特性表现出来，而且也将精神的作用表现和表达出来。

虽然现在由外在经验所产生的语言知识是不完整且有瑕疵的，但还是需要获得这方面的知识，不过我们已经能够从中清楚地看到内在的生命，这是语言最核心的地方，这种内在的生命足以使语言成为一个完善的生命统一体。虽然对个别事物的探索和事实存在不完整性和有瑕疵的情况，但我们内在的信念完全不会遭到压抑，在语言的范围内，每一步都能够为这种信念找到佐证：

就所有语言来说，首先必然是自己的母语，假如用德语来说，在单词的诸要素，如元音、辅音、闭塞音和符号字母以及连缀法中，表现出非常明确、牢固、肯定、由内在必然性决定的数学的或物理的或生理（自然与精神）的规律。

从某种观点来看，将某一事物或概念通过单词表述出来，必然需要这些特定的单词要素（字母），因此每一个单词都是一定单词要素的必然产物。就像每一个物质产物、每一个化学产物都只能通过特定的物质元素决定，或者说，由特定的个别的力决定。换句话说，有了不同的单词要素，就可以根据个人和民族等的观点，模拟显现自然中的事物、精神状态以及它们之间的相互关系和核心本质。

人生活动的三个侧面

如果我们从人所有追求的目标、中心点和最后的关键点，以及人早期在少年、儿童时期生活中的活动和构成少年、儿童生活的重心来看的话，可以得出这样一个明确的结论，就是人的所有努力都包括三个方面：一是对安稳的生命的需求，二是认识外部世界及其本质，三是追求自己内部世界的外在呈现。第一个方面主要是生命的追求，第二个方面是对自然观察的追求，第三个方面是自我表现、自我发展和自我观察。倘若要从最后一个方面再次总结以上内容，结论就是：数学主要涉及内在表现外在，表现存在于人的内心的一般规律性，或者说与人自身的本性表现自然有关。因此说数学在自然和人之间起到媒介的作用，就是因为数学更多地与理解有关，并要求有一定的悟性。语言则主要与表现感知和感受到的内在有关，更多地关系到理性并要求理性。可是对人而言，要将自己的总体本质完全表现出来的话，还少了一样东西，那就是表现生命、内在生命本身。第三个方面就是表现人的内在和人本身。

人的一切概念都是关系的概念，因此有的只是被相对严格地使用。或者说，一切概念相互之间都有联系，只有在最终的端点上才能截然分开。因此在艺术方面也会有一个侧面能够接触到数学，即悟性；还有一个侧面能够接触到语言，即理性；以及另一个侧面纯粹表现内部世界，但也要与表现自然的方面协调一致；最后还有一个侧面与精神密不可分。然而这里并不能对所有这些侧面进行考察，只能谈谈人的一般的教育以及有关艺术鉴赏方面的教育。在这个层面上，艺术只能在最终的统一性方面被视为内在思考和观察的单纯表现。对此，我们得到的观点是：艺术，也就是表现内部世界生活的事物，关于构成内在生命本身的事物的艺术表现，必然会由于素材，也就是与表现内在的艺术有关的材料的不同而产生不同的表现。不过这些素材只能是现实世界的现象，或者运动本身，或者听得见的声音，即快速产生又快速消失的声响；或者主要是看得见的东西，即线条与平面的产物，比如颜色等；或者主要是空间上、形体上可以感知的东西，比如各种物质。

不过我们在前面也不止一次地说过，这里的概念相对严格，就像现实中的所有事物都具有无尽的过渡和结合物。通过纯粹的声响表现的艺术就是音乐，而且以唱歌为主；通过纯粹的色彩表现的视觉艺术就是绘画；通过物质的塑造与塑形在空间上表现的艺术就是雕塑。将后两者联结起来的是图画。不过图画同样可以被视为通过线条的纯粹表现。图画主要是通过线条来表现的，绘画主要是通过平面来表现的，而雕塑主要属于通过形体空间来表现的。就像我们之前在人的少儿时期看到的那样，由于素描的活动是人的发展过程中比较早期的现象，同雕塑的活动和色彩及绘画一样，很早就在人的身上出现了，而且非常明确地表现在儿童时期刚开始的时候。由此得到的确凿无疑的观点是：艺术感与艺术都是人身上普遍的资产和素质，因此应该且最好从人比较小的时候就开始对此加以培养。

如此一来，尽管人的感情、生命力和活动不会主要用在艺术方面，也不会因此成为艺术家，但他们至少能够具备一定的艺术鉴赏力。真正的学校教育也可以保证他不会在缺乏天分、没有接受真正内在的艺术使命的情况下走上成为艺术家的道路。因此必须及早通过实施普遍的、广泛的教育和对人的陶冶使歌谣、图画、绘画和雕塑得到重视，及早地被作为正规学校的正式教学对象，而不是成为一种随便应付的、没有内容和成果的玩儿票性质的东西。在此并不是想让每个学生在某一方面成为艺术家，这不是目的，更不是想让每个学生在所有艺术方面成为艺术家。尽管就某方面来说，前者对每个人都能说得通。其实真正的目的是想让每个人都得到提升，按照自己的本质全面而完善地发展，并把人提升为可以从各自的本质全面、充分地认识人；就像在前面所说的那样，要让大家懂得观察和鉴赏真正的艺术品。

连贯的口语，就像从另一个方面来说的素描，能够起到媒介的作用。尽管它来源于语言，但作为内心世界的表现，以及内在精神境界的浓缩表现，作为纯粹的、永恒活动着的生命的静态表现，它却是属于艺术的。

在每一个领域，在生活中，在艺术中，表现的最终和最高目标就是清楚地表现纯粹的人。因为它在所有领域都追求表现永存的东西，特别是人身上的精神。人就是人类艺术最高的表现对象。

以上就是少年时期的全部内容，一般来说，人生的课题、目的和内容，早在学生时期的儿童和少年生活中就表现和显示了出来。现在所谈的是想根据其本质从最终的统一性和根本关系来阐述整个儿童、少年活动的主题和内容，以及学校和教学的主题和内容。至于此前所谈的则是试图从学生时期的内在、外在生活，来指明他自由、自发式的生活。下面需要阐述的是作为人的儿童和少年的活动在学生时期是按什么顺序和关系发展出来的；学校为了完成教学任务，又是怎样以及通过哪些课程来实现的；这方面所要做的事情，使得一般意义上的人的活动，特别是儿童和学生时期的活动得到了满足。

Chapter 5 /

家校联合

孩子的
天性

家校联合的必要性

孩子在家庭中长大，并一点点成长为儿童和学生，所以在孩子的教育方面，学校必须与家庭联合起来。学校与家庭生活一致，家庭生活和学校的课程一致，这就是这个阶段应该带领我们迈向完善的人的发展和人的教育首要且不可缺少的要求。在这个阶段家庭和学校生活的统一就是人的教育非常重要且不可缺少的要求了。这个阶段对事物内部直观的和本质的认知是自动自发的，就像一棵健康的、充满朝气的树，又像一个生机勃勃、富有朝气和生活自觉性的家庭和世代的发展。

但愿有朝一日，我们会为自己的孩子和子孙后代的福祉而最终认识到，我们所掌握的知识与教育是如此沉重、笨拙、生疏、陌生，而且我们还愚蠢地试图每天增加这种负担。然而，我们自身和从我们身上萌芽的、从自己内心发展的、成长起来的知识却非常稀少；希望我们最终不再为别人的思想、知识，甚至别人的感觉和感受感到自豪；希望我们最终从实际上停止把我们的教育、教学和学校的最高声望寄托在这样的做法上，即用他人的知识、认知和技能来装饰我们的孩子的精神和心灵，并以为运用这些他人的、固定的知识、认知和技能，就能够发挥孩子的长处，达成我们的目标。

很显然，倘若我们想要个性化、独立的孩子，那么我们的精神和心智就不能够再接受僵化的、杂乱的、东拼西凑的知识和见解了，经过外部修饰的教养不能也不应继续适用了。所以我们需要并追求鲜活的、从我们的精神和心智中萌发的、健康且充满朝气的成长，以及寻求通过阳光和种种生存条件使自己的知识不断加强和发展。难道我们想让尘土一再掩盖住每个人的内心、精神和心智当中创造的源泉吗？难道我们要将自己和孩了无以言表的快乐，还有他们心智和精神中奔涌的永恒生命的源泉通通剥夺吗？

你们或许会说：他们要想在这个世上生存必须做好这样的准备。可是孩子很快就长大了，到时候谁来照顾他们呢？他们的食物、衣服从何而来？各位别犯傻啊！不应该这样答复你们“首先应该追求什么”，而是应该反复提及这样一个问题：难道这种沉闷的、抑郁的、无知的、缺乏事业和行动的生活是重要的吗？人类应该拥有你我现在难以想象的创造力和行动力。难道有人测量过人性的界限吗？作为成长过程的人性，应该是从每个人身上，从可以作为自我重新创造的产物生发出来的，成长为青春的朝气和活力。

孩子在面对自己未来的工作，也就是他的事业时，不会也不应该采用消极、懒散、懈怠的态度。他们应该开朗、乐观，相信自己和自然界，对工作的成就以及各方面的成功感到满足。因为在他的心里和家里充满平静、祥和、和睦，以及具备各种高尚的人的品质。

他会因为自己在群体中产生的影响力而感到十分满足。这是我们每个人追求的最大奖赏。他不会说：以后我的孩子干什么工作都行，就是别干我做的这份工作，因为这份工作实在是太辛苦了；更不会坚持让自己的孩子必须从事能够带来利益和好处的工作，因为这才与自己的所有特性相符。他会明白，只要用心，每个人都可以把最小的工作做到最大，每份工作也都足够高尚以至于没有什么工作是不值得去做的。不管能力多么小，只要用兴趣和爱将其变为一种成果并很好地加以利用的话，就能给人带来食物、衣服、房子乃至尊敬。所以过去父母最大的烦恼就是如何发展孩子的内心，如今他们却完全不必再为孩子的未来担心了。

家校联合的几项任务

作为学校和家庭结合的生活，这种活泼的教学和教育生活的个别方面，必然会对这个时期的人的发展程度、从作为初入校门的学生的内部要求和外部要求，提出以下任务：

第一，重视、认识并训练自己的身体，使之成为精神的载体和表现自己本质的媒介，同时通过有计划的、循序渐进的练习，完成这种对身体的训练。

第二，自然和外部世界的研究和观察。从身边和周围的事物出发，先认识周围的环境，再慢慢向与自己有一定距离的和远方的东西推进。

第三，背诵表现自然和生命的短诗。这种诗歌像一面明亮的镜子，能够赋予周围的自然事物和自己家庭生活中的现象和事件以深刻、纯粹的意义，还可以通过歌谣以及歌唱的形式来表现这种诗歌。

第四，练习语言。从观察自然和外部世界出发，并将它们联系起来，进而过渡到对内心境界的观察。不过要一直严格地着眼于作为听觉的表现工具的语言。

第五，按照从简单到复杂的顺序，进行外部空间和形体的表现练习。这里用来表现的材料基本上都经过加工，即通常所说的手工劳作。材料包括纸、硬纸板、木料等，还会用到一些未定型但可塑造的软材料。

第六，在平面上通过直线表现的练习。以人的头足线和胸线为基准确定垂直和水平方向，在固定的、表现在外面的、可见的方面来练习。这是直观地把握各种外部形态的方法。上述两种垂直和水平的线条多次交错，显示出网状结构，之后就可以在这样的网状结构上按照外部的必然规律进行描写练习了。

第七，观察色彩的异同，并将其表现在已经形成的平面空间上，尤其要注意已经确定的形状。比如在轮廓图上涂色时，尤其要注意色彩及其相互关系，例如在网格上或正方形上涂色。

第八，游戏，也就是各种以自由活动的形式进行的练习。

第九，结合日期、时间和发生在生活中的事件来讲述故事、传说、寓言和童话。

以上所说的这些都分散在家庭生活、学校生活以及一般人的生活中，或者说分散在学校和家庭的各种事务中。这个阶段的孩子应该做一些简单的家务。在此期间，这些家务甚至可以请工匠或农民来教授，也可以请一些单纯却有着强烈、活跃的自然精神的父亲来做示范。特别是年纪稍大的孩子，父母和教育者应该让他们用自己的双手并依靠自己的判断力来做事，独立地处理事情，比如完成分配给自己的任务，以便他们自行检查和坚定自己的行动。对年纪较大的孩子来说，特别重要的是，每天至少用一两个小时完成外部的工作，专心从事一项能够产生外部成果的工作。如此一来就会对生活产生十分重大的影响。

现在我们的教育方法中有一项重大缺失，那就是免去了学生的一切家务和各种产生外部成果的工作。大家千万别这么说：这段时间倘若想让孩子的知识达到某种程度和熟练度，就必须保证他把自己所有的精力都投入语言学习中，投入通过语言实现的教导中，实现培养智力的目的。但是真正的经验给予我们的教导却并非如此，适当参与产生外部成果的心智活动、外部活动和体力劳动，不仅能够强身健体，还能促进心智各方面的发展。

倘若我们对上述一些家庭和学校生活的课题进行考察，可以根据儿童的总体要求将它们分成三类不同的内容：

（1）以平静、安静的内部生活为主的内容；

（2）能够接纳外部事物、在内在发生作用的生活；

（3）比较外向的、以外部塑造为主的生活课题。

如此一来，这些课题基本上就涵盖人的所有需求。然后，我们看到，通过这些课题，人的种种感觉、种种内部和外部的天赋及能力，才得到发展、锻炼和培养，因此能够满足人和生活各方面的要求。最后我们还会发现，虽然这些内容的要求显得十分繁多和广泛，却都能通过简单组织的家庭和学校生活，通过学校和家庭生活的联合而轻易实现，因此一定可以满足在这个阶段的孩子的要求。现在，我们就来逐一察看这些内容。

注重、认识和训练身体

人对自己所关注的事物，不但要了解其价值、意义、作用，而且要有运用。还要知道良好的身体及适当的保养是完成自己为之努力的活动和目标的前提条件。

没有人会相信，一个孩子，会了解自己的身体，因为对他来说，身体离他太近，而且四肢是与躯干连在一起的，所以他就更没办法认识自己的身体。在孩子还没有完全锻炼身体的时候，我们经常会听见家长对孩子说："别乱来！"我们由此可知，精神和身体的培养还没有达成一致或者说相互促进的人，在某些时刻和某种情况下是完全不懂该怎样使用自己的身体的。有些人甚至觉得自己的身体是一种负担，但是谁不会在某些时刻觉得自己的躯干和四肢都是一种负担？偶尔进行一些家庭运动锻炼，确实可以提高身体的柔韧性，但在大多数情况下，这些锻炼都是辅助性的，而且要求也很单一。

人们不仅要注重提高自身的体力，还要注重如何利用自身的能力。所以，要达到这个目标，就必须把身体和身体的各个部分以心理训练的方式综合起来。这一点早就在以身体的使用以及以身体姿势为主的最单纯的训练场合，比如书写、画画、练习乐器等方面露出端倪。这时，倘若学生事先没有掌握对自己身体进行真正训练和应用的方法，没有使肢体成为自己的永恒资产，只接受过一种令教师和学生同样感到压抑的训练的话，就只能取得微小的成效，而且不断喊出“坐好”“把手放正”，只会使课堂教学失去生命和成长。在这种情况下，如果一个学生没有学会如何锻炼和运用自己的肢体，没有使自己的肢体变成一种永久的财富，那么，他所做的仅仅是一种使老师和学生都感到沮丧的练习，产生的效果是微乎其微的，如果他们不停地说“坐好”“把手放正”，只会使孩子在课堂上的生活和发展受到威胁。

意志并不能随心所欲地支配自己的身体。身体要能够遵循心灵的需要行动，正如演奏家弹奏的时候一样，因此，如果没有身体上的锻炼，就不能迈向完美的教育，达到人的完美。因此，在这一点上，肉体要像灵魂一样坚决地（而非孤立地）进行真正的教育。从简单到复杂，严格地进行人的精神上的锻炼，这是每一所学校都会提倡的，因为它可以让学生了解真正的纪律。

纪律要使儿童从自身的直觉中发现人类的尊严，并严格地回归到对自身本性的最崇高的敬意，并坚定地认为自己的行动需要尊崇纪律，即在自己的言行中体现出纪律。这才是这个阶段教育的既定（积极）因素。儿童和学生越是能够生动明确地觉察和感受到人的本质和尊严，在他们身上由人的总体本性产生的要求也就表现得越明白、越纯粹、越有必要，也越容易被了解。教育者也必须更加认真而坚决地实现这些要求。如果情况需要，他还要为了学生的利益适当实行劝诫或严惩等手段。学生时期是学习遵守纪律的年纪。只有精神和身体教育协调一致，才可能实现真正的纪律。

此外，在紧张的精神活动之后，身体（也可以说精神）需要安排合理的、紧张的体力活动，而这种体力活动又会反过来强有力地影响精神。所以说，真正的生命只有在有秩序的且相互联系的身体和精神活动中才会存在。

但是，从另一个角度来看，身体锻炼对儿童来说也是一个巨大的优势，可以让他们更好地认知自己的肢体结构。因为此时的孩子们精力充沛，能够感受到四肢与躯干的连接。准确地描述人类的身体构造，让儿童能够清晰地认识到自己的身体构造，进而激发他们对此类问题的兴趣，并对此提出更多的问题。

语言练习

孩子对自然和外部世界的观察仅限于对象、事物和东西，完全通过其本身、总体印象并按照事物的一般关系，特别是地缘关系来进行。因此，语言作为表现手段是处于从属地位的，因为人观察事物，了解其本质，是不需要说话的。不过在课堂上必须使用语言作为辅助手段，以尽可能确认学生已经真正观察并掌握了事物的本质。

尽管语言练习也是从事物本身出发的，但却是根据它们的外观以及它给人或人的某些感官留下的印象加以把握，并且主要关注通过语言和事物给人留下的印象在人的内在世界受到的约束和要求来表达。自然和外部世界的观察与事物本身有关，而语言练习则主要是通过和依靠有声的语言素材，从事物的个别现象和印象进行描写。特别是对语言作为描写和表现方法必须加以掌握，不过可以在与事物本身保持内在协调中加以练习。

自然和外界观察探讨“是什么”的问题；语言练习则探讨“如何表达”既有事物的问题并加以练习。如果说自然和外界观察的只是事物本身，那么语言练习便是对人和人的感官的影响进行观察，以及我们怎样运用语言正确、恰当地表达自己的这些印象和感受。由此便产生了第三种观察，即单纯对语言本身的观察，离开所形容的事物，只作为人和使用其语言工具的产物进行观察。这种练习就是讲话练习，它又直接产生于语言练习并同其保持联系。

因此，在实施有关语言知识及其用法的完备教育之前，要先进行三位一体的观察：首先，要观察能够被感知的语言对象，即外部世界；其次，要将事物与语言结合起来进行观察，从外部世界向内部世界过渡，即语言练习；最后，不考虑事物，只观察语言本身，将其当作单纯的素材加以观察，即讲话练习。

我们在上面已经对外部观察的教学程序进行了讲解。下面我们说一下语言练习的教学程序：之前已经说过，它以观察可感知的外部世界为出发点，之后上升到对内部世界的观察。一开始教师说：

“我们现在在一个房间里，周围有一些物品。请你们认真观察，并说出几种物品的名字。”

学生：“柜子、镜子、炉子等。”

教师："可以在房间里增添几样物品吗？"

学生："可以！"

教师："可以在房间里随意摆放自己想要的所有物品吗？想放多少就放多少？"

学生："不可以！"

教师："为什么呢？"

学生："因为这样一来房间里的空间和位置就不够用了。"

教师："房间里的空间和位置为什么会不够用呢？"

学生："因为每一个物品都会占用一定的位置和空间！"

教师："能不能用一些物品来举例阐述这个道理？"

学生："比如我的手和我的石板不能同时放在同一个地方；或是当我在写字的时候，我旁边的同学就不能在我的位置上写字了；又比如，如果一个地方已经放了炉子就不能同时摆放柜子了。"

教师："也就是说，每一个物品都会占用一定的空间、场所和位置，这意味着什么？"

学生："在某个物品所在及占用的地方，其他物品就不能存在、活动和发生作用了。"

教师："你是怎样、通过什么方式以及依靠什么来感知处在自己空间的物品的活动和作用呢？"

学生："通过我的某些身体部位和感官，比如手、眼睛和耳朵等。"（我们感知外界事物的唯一办法是，吸收外界事物的性质，并将其内化到我们身上，也就是通过我们自身去接收和感受它。因此我们便把用来感知外界事物的身体部位称作器官，比如手、眼睛和耳朵等；把听、看、闻等活动称作感觉。）

教师："由此可知，我们是通过感觉来感知和认识外界事物的。那我们怎样感知和认识事物？我们借以感知和认识事物正在进行某种运动和发生作用的感觉有哪些？请说出几种。可以说所有事物都在运动和发生作用吗？"

学生："可以！"

学生："不可以！"

教师："为什么觉得可以？为什么觉得不可以？请说出我们周围每一种事物表现出来的、能够让我们识别出它们的某些表现。”

学生：“钢笔摆着；墨水瓶站着；圆规戳着；衣服放着；靴子套着；镜子挂着；棍子靠着；太阳照着；时钟走着；学生坐着；白头翁唱着；小孩在说话。”

教师：“这些物品和人都是通过同样的方式被同样的感觉感受到的吗？”

学生：“不是，有些是我凭视觉感受到的；有些是我凭触觉感受到的；等等。”

教师：“也就是说有些事物的运动和发生的作用，我们是通过肉眼来感知的，而有些事物的运动和发生的作用，我们则是通过感觉，尤其是触觉来感知的。我能不能闭上双眼，仅靠感觉和触觉来感受一些东西的运动和作用？”

学生：“可以！”

教师：“请说出几种主要通过感觉和触觉被感知，而不必通过其他某种活动和作用加以认识的事物及其活动。”

学生：“石板摆着，墨水瓶立着，衣服放着，棍子靠着。”

教师："对于这些处于活动中的事物，我还可以通过触觉之外的感觉来感知吗？"

学生："可以。通过视觉也能感知它们。"

教师："从你们了解的事物中找出真正立着的东西。"

学生："房子立着，柜子立着，木桩立着，等等。"

（然后像之前一样，大家先一起放声地念，再进行总结：房子、柜子、木桩都是立着的。）

教师："请你们找出几种可以算作停了的东西。"

学生："水停止流动了，水车停住不走了，指针停住不转了，血液停止流动了，脉搏停止跳动了。"

教师："请说出几种你们了解的能够做出躺、靠、挂、插、坐等行为的东西。请说出人们认为的能够做出躺、靠、挂、插、坐等行为的东西。刚才所说的这些东西的活动和功能有什么相同的地方？它们的相同之处是什么？"

学生："没有外部运动，或是在外部静止的内部活动。"

教师："在自己和他人身上，你是否也能感觉到内在的活动，而不是外在的运动？"

学生："可以！比如睡觉、休息、做梦、思考、沉思、感觉等。"

接着提到一些会持续进行的外部运动，比如：走、跨步、跑、跳、狂奔、流、飞、舞蹈、游泳、骑马、驾车、滚动、滑动、摔倒、下沉等。

然后会说没有持续进行但外部可见的活动，比如：翻滚、蒸发、波动、转动、呼吸、开花、成熟等。

有的事物在外部进行前进的活动，比如：驾车、拉动、运送、抬高、推动等。

有的事物进行的分解活动，比如：刺穿、钻穿、切开、锯开、撕开、劈开、折断、刨刮等。

有的事物进行的联结活动，比如：针织、编结、缝合、补缀、捆绑、结网等。

有的事物进行的创造活动，比如：绘画、素描、书写、雕塑、锻造等。

有的事物进行的只能被看见的活动，比如：照射、发亮、照亮、闪烁、天黑等。

有的事物进行的只能被感觉到的活动，比如：变冷、变暖、变痛、变高兴等。

有的事物进行的只能被听到的活动，比如：吹口哨、吹笛子、讲话、唱歌、谈论、笑、喝彩、哭、哀泣、叹气、呻吟、叮咚响、叮当响、咔咔作响、风呼啸响、地板嘎嘎响等。

常见的自然活动，比如：打雷、下雨、下冰雹、风吹、刮大风、下雪、结冰等。

有的事物具有的特别的内在精神活动：厌恶、喜欢、夸奖等。

有的事物进行的返回自身的活动，比如：梳洗、梳头、割伤自己、穿戴、注意、欢喜、羞怯、害怕等。

教师："以上活动中有哪些主要是人的活动，哪些是只有人才能完成的活动？这些主要属于人的活动与只属于人的活动分别有什么特点？镜子挂着、墨水瓶立着、钢笔摆着……我们依靠什么和通过什么判断这些以及之前观察到的事物存在于空间中呢？"

学生："通过它们活动的方式以及它们的作用。"

教师：“墨水瓶摆在你面前。除了通过它活动的某种表现和某种起作用的方式外，是否可以从其他感觉中感受到这种感觉？”

学生：“可以。它是深灰色的，而且有点儿重。”

教师：“钢笔摆在你面前。除了通过它活动的某种表现外，有没有别的特性给你留下了印象？”

学生：“可以。它是黑色的并且是长条形。”

教师：“请说出几种与墨水瓶、钢笔类似的给你留下别的特性印象的东西，并把这些印象说出来。”

学生：“粉笔是短的，铅笔是长的，盆是小的，炉子是大的，尺子是木质的，石板是厚的，椅子是米色的，桌子是圆的。”

教师：“桌子是圆的。请你们再说出一些圆形的东西。”

学生：“铅笔、墨水瓶、球、圆圈、洞、铁饼，这些都是圆的。”

（像之前一样，先一个个地念，再一起把它们朗读出来。）

教师：“说出在你们看来具有‘圆’这一特征

的东西和事情。铅笔、球、铁饼等事物圆的样子相同吗？请说出哪些东西是正圆形的，然后是圆球形的、圆柱形的、椭圆形的、卵圆形的、三角形的、四角形的、多角形的、直线形的、方形的、尖的、平的、美的、丑的。怎么概括上面这些事物的特性呢？”

学生：“都是形状和形体的印象。”

同样地，一倍、两倍、三倍，一项、两项、三项，等等，都是数的印象；大、小，厚、薄，长、短，宽、窄，高、矮，等等，都是大小的印象；石质、木质、金质、银质、亚麻质等，都是物质的印象；光滑、粗糙、平坦、崎岖、锯齿状、鳞片状、沙粒状、颗粒状、碎片状，都是表面的印象；软的、硬的、脆的，液态、固态、气态，泥土状，可伸缩的、可塑的等，都是状态的印象；白、黑、灰，斑点的，红、绿、黄、蓝、橘黄、青紫，有色的、彩色的，闪闪发光的、耀眼的，等等，都是光和颜色的印象；霉味的、腐烂的、香的、臭的等都是气味的印象；美的、丑的，端庄的、有礼的，开心的、郁闷的、快乐的，节俭的、宽厚的，专注的、好学的、健谈的、耐心的，诚恳的、天真的、友好的，风趣的、果敢的、爱惹事的，等等，都是言行、情绪、态度的印象。

外部观察清楚地揭示了物理学与化学的产生与发展，并预示着将来会成型的种种独立研究课题。作为由外部世界，特别是从自然观察出发的语言练习，在理解和把握事物的活动与作用、表现与印象时，就会回归到物理和化学上，物理学和化学对所有人都很重要，这两门课程的基础打得越牢固，将来对学生的影响也就越大、越深远。

由于我们在日常生活中对外界观察和语言没有给予足够的重视，所以更要在课堂上给自然，即物理和化学，做好准备并给予足够的重视。否则这两门学科就没有了根基，最多也就是从人类的知识之树上长出的一根多余的枝丫，不是人类知识之树的重要部分，就像在一些尤其是自然科学与人之间的知识和课题的关系上经常看到的那样。此外，也有不少人在幼年时期就没有被引导进行这方面的观察和训练，后来却去从事与自然科学相关的工作，倘若他们想真诚地对待自己，就能够对这一点加以证实。

由于事实一再严正指明道理的重要性，即人或者说儿童并不只生活在周围外部世界的中心点，还要从纷繁复杂的关系中认识自身以及自己喜欢的事物。从而不仅发现真正的自己，就连自己内在的精神、言语和概念的形成，都与自然和事物协调一致，所以需要认真详细地探讨这种课题。“数”“形状”“大小”等，都是从“空间”这个概念衍生出来的，上面已经有了明确的描述。因为倘若在日后数、形状和大小的知识要作为一般的几何学生动地、有效地介入生活，就必然要追本溯源，从注意和观察周围现实中的空间现象和关系着眼。

我们重新回到教学程序，继续向下进行吧。

教师：“你们之前说树上长了很多叶子，灌木生了很多刺，玻璃有许多裂痕，毛巾有很多孔隙。你们可以换一种说法来表达自己对树、灌木、毛巾等事物的印象吗？”

学生：“树有叶子，灌木有刺，玻璃有裂痕，毛巾有孔。”

教师：“请你们说出几样类似的物体。”

学生：“书里包括书页，花中有花瓣，等等。”

教师："请说出一些有皮肤的、有羽毛的、有鳞片的、有刺的、有叶子的事物。"

现在从空间关系上观察和把握事物。

学生："人有手，手上有手指；手指上有关节，指尖有指甲；鸟有羽毛；鱼有鳞片；刺猬身上长满了刺。"

教师："树上长着叶子，那树的叶子具体长在什么地方？"

学生："叶子长在树干和树枝上。"

教师："花中有花瓣，那花的花瓣具体长在什么地方？"

学生："花瓣长在花萼周围。"

教师："说出长在另一种物体之上的事物。"

学生："耳朵长在头部的两侧，这一类的。"

教师："说出一些以静态方式存在于另一个物体上，并能够发挥作用的东西。"

学生："学生坐在桌子旁，黑板挂在墙上，钥匙插在锁里。"

同理，我们也可以从不同的空间关系，甚至是处于静止状态的事物上观察和形容这些东西，比如：

书放在书橱里，

乐谱摆在钢琴上，

鸟飞过房子上空，

猫趴在桌子底下，

球卡在木头之间，

学生坐在教师身旁，等等。

尽量让你的学生多观察这一切。

现在想一想空间中相对来说正在发生的活动。比如：

学生看着黑板，教师走进教室，鸟儿飞到树枝上，麻雀在屋檐下蹦蹦跳跳，小女孩走在妈妈的身边，等等。

最后比较一下这两种关系：

外套挂在衣架上，

外套被人挂在衣架上；

书放在书橱里，

书被人放在书橱里。

之前认识和观察事物是从相对的、特定的空间角度出发，现在则是从不确定的、一般的空间角度进行观察、把握和形容，比如：上、下，内、外，去、来，这里、那里，此岸、彼岸，上去和上来，下去和下来，等等。

到此，这种教学就要暂时告一段落了，因为它已经超出了课程的限制范围。不过值得一提的是，这种教学程序是遵从它本身规律进行的，包括一切由简到繁、用语言表达的关系和方面。我们必须遵循其自身的法则，把所有的关系和形式，都用语言表达出来，然后用概括、描述、叙述等形式来结束它。

理解颜色

在孩子刚刚步入少年时期时，特别需要注意、认识和熟悉颜色以及颜色的比例，特别是最后处理颜料和颜色的阶段。只要对儿童生活（无论处在怎样的状态）稍有了解的人都会承认这一点。他会承认，虽然程度对每个人来说有所不同，但把颜色用在生活和创作中是在少年初期就会出现的事情。还可能会是其他的样子吗？儿童身上存在的各种活动力要求他使用颜色，包括他的力量、素质和能力，也就是他在自己身上体现的生命统一体，会要求在每一个可能的个别事物和形状中加以发展、练习和使用。除此之外，颜色对于内在的精神发展也是非常重要的，尽管没办法证明其特定的发展方向。

难道颜色（无论或多或少）不都是受到四处散播的光的活动的影响并由其决定的吗？也就是说，颜色难道不是与光有着密不可分的关系吗？难道颜色不是和光与生命的活动、提升和改变有着密切的联系吗？光和生命，哪怕一开始只是地上的光，不也是照向其存在和向往的地方吗？无论少年有没有意识到、预感到颜色的高度重要性（从另一个角度来看也是自然界形状的意义），但这就是地上的光与阳光的具体化和体现，是光的可见本质的说明。通过颜色（通过探究颜色和掌握颜色的本质）来探究地上的光的本质、阳光的本质，或者可以说吸取光的本质的预感，或许就是少年时期喜欢与颜色打交道的最根本的、最内在的、少年本身所意识不到的动机吧！我们还可以将这一点确切地认为是儿童的体验。

我们大可以说：颜色是丰富的，可以吸引少年、儿童的注意力，令他们感到喜悦的是丰富多彩的颜色。是的！但什么是颜色呢？难道这不是某种原因（光）在各种不同的表现（颜色）下反映出来的结果吗？这难道不是某种形态（光）在不同的发展过程（颜色）中表现出来的结果吗？颜色作为外在事物并非吸引儿童并使他们感到愉悦的东西，否则少年、儿童只要拥有了它，就会感到满足，但这光靠数量和质量是没办法促成的，而是要发觉、展现其内在联系以及使色彩灵性化的力量。不然的话，当少年、儿童周围都是丰富多彩的事物时，他就会感到平静了，这样一来，我们就不至于总是听到有人对感到不满足的孩子说："你都有这么多东西了，为什么还是不能安静下来？请你告诉我，你究竟还想要什么？"少年、儿童追求的是生命的完整、体现和联结，总而言之就是追求生命；因此，缤纷多彩的颜色才会吸引他们在多样性中辨识出统一体、内在的联系。所以他们喜欢组合在一起、统一在一起的颜色，这能让他们认识到内在的统一性。

不过尽管少年这种冲动是如此重要，可我们是怎么对待它的呢？我们把这种观察和运用颜色的发展视为偶然。我们将颜料、画笔等东西提供给孩子的时候，就像出于好心为动物提供饲料一般漫不经心。于是他们也像对待自己别的玩具那样，将这些东西随手丢弃，如同牲畜对待不合口味的饲料时所做的那样，但他们又该怎么做呢？他们自己不知道要赋予这些东西以生命和统一。而我们呢，也没有帮助他们认识到这一点。

虽然形状和颜色本身不同而且是完全分离的，但在儿童眼中，它们却像身体和生命一般，是密不可分的。儿童对颜色的观察就像普通人那样，是通过形状来实现的；反之，形状也要通过颜色来显现。因此，颜色的观察首先必须与形状的观察联系起来，就像形状的观察要与颜色的观察联系起来一样。颜色和形状，始终是不可分割的统一体。

既然一开始在儿童看来，形状和颜色是不可分割且相辅相成的，而且是促成认识和了解的统一体，那么在试图通过课程和教学来发展观察和自行表现的颜色感时，需要注意三件事：首先，形状要单一明确，足以显示和表现所应该表现的东西；其次，颜色要单一且完全明晰，应有的颜色要尽量与事物接近，特别是自然事物的颜色；最后，颜色要尽量接近自然真实显示的相互关系，也就是从彼此对立、彼此分离，或是彼此融合的关系中对它们加以理解。就像颜色本身必须按照其印象尽量明确地进行观察。

同理，颜色也必须尽量明确地与语言联系起来，通过言语进行表达。首先研究颜色本身，比如红、绿等；然后按照其内部的浓度进行研究，如暗、深、亮等；接着按照其类型或混合方式进行研究，在此出现两种不同的做法，一种是将颜色与物体进行比较，即通过物体的颜色类型来确定颜色并给其命名，比如：玫瑰红、硫黄、天蓝，或是通过颜色相互之间的比较为其命名，比如：青红、黄绿，或是用近似的颜色命名，比如：浅黄绿、浅青红。大体上来说，各种颜色的界定全都来自那些不变的显示出这些颜色的自然物体。一旦确定了颜色，这些界定就能够向其他物体的颜色上延伸。从其他物体推导出来的颜色名称，必须尽量经常出现在该物体本身，比如紫罗兰的紫。在最初的课堂上只探讨少许几种颜色的界定。应该严格注意把握这些界定，并始终明确地将其表现出来。

同理，在使用颜料时，一次只给学生几种颜色，不过要尽量选择明确的颜色。接下来尽量从主要颜色中衍生出中间色，并让学生自己动手调制。

要用表现颜色、上色的平面，尤其是最初绝不能用太小的平面，且最好以自然观察为衡量的尺度。同时课程照例要结合一开始围绕在学生周围的事物，比如树叶、大的花朵、蝴蝶的翅膀乃至一些鸟类，并以此作为根据。当然，四只脚的动物和鱼类的颜色是不太确定的。不过，表现自然事物真正的颜色，可以使学生加倍注意现实中自然事物的颜色，并因此可以引导他们提出“我该怎样画这棵树的树干或者这朵花”等类似问题。人越是能够独立进行颜色观察，越是不依赖其他事物，就越能独立地表现颜色本身，不过仍然是以塑造中的、表现出形状的方式来呈现。越独立地观察颜色，就越能脱离形状。于是在课堂上形状就会消退，颜色则因为自身的原因凸显出来。

最为合适的颜料是蔬果汁之类的颜色。这时课程本身很容易与儿童的生活发生联系。在儿童的生活中，出现了与这方面有关的上百种胚芽；每一个群体都要有，也应该有其与众不同的胚芽。如果掌握得宜，课程就会由此渗透到儿童的生活中，他们的生活也会进入课程当中。

我们无法制造情况，但却可以利用它。课堂上的学生，如同羊儿围绕牧羊人那样围绕着教师。而教师则像牧羊人带领羊儿来到长满新鲜草儿的草地一样，也带领学生开展快乐的活动。因为这时通常是学校课程即将结束的周三下午，且这一天再没有别的活动了。如今已经是秋天，在这个快乐的群体里的每一个活泼的孩子身上，总是显现出想画画的兴致。因为秋天或许是最能对孩子们发出画画和展示颜色邀请的季节：晚秋时许多自然事物的颜色都是富有变化的。每个人都在想办法用自己的方式、自己的途径将其实现。

“来吧孩子们，我们一起来画画。”教师说道，“尽管你们经常画画而且画过很多画，但你们对绘画和自己所画东西的喜爱通常比较短暂，因为画得既不清楚也不纯粹。来吧，让大家看看，我们是不是可以一起把这件事做得更好？不过，我们现在还不能选择太难画的东西，因为我们现在只是要学习，必须画一些简单的东西，而且最好是纯色的。”很快，教师和学生就会一同意识到，叶子、花朵和果实是最好画的事物。因为五颜六色（黄、红、棕等）的叶子，在美丽的秋天会窸窸窣窣地从树上掉落下来，像一条彩色的地毯，将树周围的地面全都盖起来。对孩子们来说，这种东西具有极强的吸引力，他们会将其收集起来，编成花环和花冠带回自己的家。

“仔细看看这里的叶子的模样。”教师收集这些事物是有目的的，“想一想你们应该怎么去画呢？”

“把它们画成绿的。”“黄的。”“红的。”“褐色的。”

“你们想把哪些叶子画成绿的，哪些画成黄的，哪些画成红的，哪些画成褐色的呢？为什么要把这些画成绿的？这些为什么要画成黄的呢？”

教师最好把分配的颜料涂在一小块方形的玻璃片上。起初发给学生时，也可以选择那种用水彩盘装的有一定稀释度的颜料。第一项工作是正确地观察和认识颜色。不过此时还不能为叶子配上大体上相同的颜色，只能选择近似的颜色。或许有一点是不用提醒的，即这时既与表现事物无关，也与观察颜色和处理颜料无关，最需要注意的是均匀上色且不越界等。身体保持正确的姿势以便使手臂、手掌和手指能够自由活动，这一点也是不需要多说的。

由于每一种颜料都有一些独特的处理方式，所以在学生能够熟练掌握一种颜料的使用方式之前，不要急着接触下一种颜料。可以从叶片过渡到花朵。至于所画的花朵，最好是单独一种大朵、具有单瓣花冠的花，如果选择几种花就要用特定颜色且差别明显的花朵，比如黄色樱草、蓝色风铃草、黄水仙等。同理，也可以选择素色的花朵，并完全从正面或侧面对它们进行观察。

接着从单色的花朵和物体向双色的花朵和物体过渡。不过要始终能够明确地区分颜色，比如报春花、豌豆花等，接着可以过渡到三色花。尽可能确切地理解颜色，尽量单纯地加以表现，通过语言尽量明确地加以描述：所有这一切，至少从教学意图来说，必须始终坚持。尽管在这个训练阶段，各个项目总是表现得不够完善，但还是应该将学生在这方面的各种感觉唤醒，并唤醒他们身上想要精准描述和尽可能认真观察的欲望，至少他们能够肯定地说出各种颜色的名称，并尽量明确它们的外在关系。于是颜色本身就慢慢摆脱了对形状的依赖，表现得越来越独立，并需要进行独立的观察。

此时学生也想花更长时间观察每种颜色，用心熟悉它们的性质和印象。因为他希望通过掌握这些颜色，感受到自己之前在颜色的运用和知识方面的不足。所以接下来就需要进行单纯表现颜色本身的练习，不依赖任何事物的形状，只通过在打上网格的平面上进行界定。

在一个由小而大的、确定的空间中，在一个不断延伸或不间断发展的平面上，以均匀的浓度在没有边框的范围内上色，是这种练习要考虑的第一个方面。所以应该在一个网格上表现颜色，接着是两到五个网格，这是持续进行的，也就是网格的邻边与邻边相互接触；然后通过有间隔的，即以角与角的接触来表现各种颜色。这样一来，学生就能够清楚地认识到各种颜色本身的特点，以及如何使用。这种练习可以从纯红、纯蓝和纯黄开始。接着就是比较纯正的中间色，如纯绿、纯金黄、纯紫罗兰的练习。为什么一切色系都要从红、绿开始呢？根据我们的经验，这两种颜色与儿童的关系最为密切，也是他们进行颜色练习时最喜欢的颜色。

之前的练习是在一个持续的、不断的或是相互交替的、有间断的平面上只用一种颜色进行的，现在是以同样的方式对两种、三种乃至先前练习过的六种颜色进行练习，甚至可能会把它们结合起来；最后按照两种主要关系，即最后形成的五个网格平面的长边同时与不同的颜色接触，或者横边同时与不同的颜色接触。从蓝到绿、到黄、到金、到红、到紫的颜色排列顺序最为适当，而且大体上与自然界保持一致，所以可以据此进行练习。

至此，这个阶段的课程就结束了。自由、自发地创制颜色组合，是根据教学程序和事情本身的规律进行的，至于进一步发展对颜色的感觉、观察和理解方面的教学过程的深入阐述，则留待下一阶段的学生和课程去完成。现在课程在这个对象上进行的教学程度与规模都不高。不过，从经验方面来说，已经表现出对学生多方面的影响。它就像唱歌一样，能够提高学生的感受力并让他们变得高尚起来，激发他们观察自然界颜色的官能，提高对自然界及生命的感受力。至于它对别的课程以及外部生活的影响，熟知二者要求的内在意义的人应该是很了解的了。

游戏

这个年龄段的儿童活动，即这个时期的自发性活动可分为以下三种：它们或者是在模仿生命和真实的生活现象；或者是在运用自己所学的、课程的、学校的知识；或者是各种精神借助各种材料实现的完全自发的产物和表现。后者根据规律要么存在于游戏事物中，要么存在于游戏材料中，然后对其进行探索、整理、服从、遵循；要么存在于人本身，以及人的思想和感受中。

不过这个年龄段的游戏，不管怎样都是或者应该是充满生命力的、富有生活情调的纯粹表现，是儿童身上生动的生命感受和生命活力的产物。所以说，这个年龄段的游戏是以内在的生命和活力、旺盛的生命力和实际的外部生活为前提的。如果缺少或曾经缺少这些，就会缺少唤醒真正生命的、接近并提高生命的游戏。因此，一名玩过许多充满活力的儿童游戏的青少年，当他谈到缺乏生气的儿童生活，即那些尚未被游戏唤醒的生命，或成长缓慢以至于十分懒散的儿童时，就会说："我不明白这些小朋友为什么不会玩游戏，我像他们这么大的时候什么都喜欢玩。"

由此可知，在这个阶段就连游戏也需要特别的指引，才能让孩子在这方面得到发展。也就是说要让他的家庭生活、学校生活和外部经验变得更加丰富，从而使他像待开的蓓蕾那样由内部散发出快乐的情绪。快乐乃是这个阶段所有儿童活动的灵魂。

游戏本身应该而且可以是身体的游戏，要么锻炼力量和技巧，要么单纯地表现内在的生命情调和乐趣；也可以是感官的游戏，比如通过玩捉迷藏练习听觉，或是通过玩投射游戏和颜色游戏练习视觉，或是通过下棋等思考、判断类游戏锻炼心智。虽然这些游戏不符合游戏真正的目的、精神和孩子的需求，却已经有人从多方面对它们进行分类观察，并得到了人们的理解和应用。

讲述故事、传说、寓言和童话

当下存在于自己心中的对生命的感受和直觉，以及自己的思想和欲望，对任何人来说几乎都是无意识的，只能在自己心中表现为一种冲动。然而这就是自己最直接的直觉，是这个阶段的儿童最高且最重要的感受。这些基本上也可以算作是人最重要的感受。因为人只有在了解自己、自己的能力和生活的基础上，才能理解别的事物和别人的生活以及别的力量的作用。不过，用事件和自己本身进行比较，是无法也不足以认识和了解这件事的。因此也无法通过将自己现在的生活（内部生活、思想、感受、观察到的现象）与自己本身进行比较来增进对其本身、根源、影响以及对意义的认识和理解。

为了了解自己，用别人、别的事物与自己做比较是很有必要的。我们都知道，比起跟距离太近的东西所做的比较，有一定间隔的比较会更有效。在感知自身生活的这些比较点，特别是那些非常活跃的儿童，从他们身上如同照镜子一般，能够看到自己的生命及其现象并能对其价值进行衡量。倘若孩子无法了解自己的生命，无法从自己的本质、根源、结果进行感知的话，那么对于自身生命、活动的感知和感受便会不可抗拒地被压迫和剥夺。不过，聪明能干、身体强健的孩子追求、期望和要求的，最深度的也是维持其内在生命的渴望。这就是孩子们爱听故事、传说、寓言和童话的重要原因。倘若这些故事在某个时间真实地发生过，或是在儿童精神活动和意志作用的范围内不会造成干扰的话，孩子就会更爱听。当这种比较存在重大差异时，儿童的心和心情就会得到拓展，精神就会得到增强，生命就会自由而强有力地发展起来！

故事吸引儿童并不是因为形态的多彩，真正吸引他们的是一种更加深入的精神、一种看不见的东西。同理，在童话和传说中吸引他们的也不是五彩缤纷的形态，而是从中描绘出的作为儿童的精神和生命标准的精神的东西和生命。这是对摆脱了束缚的生命和按照存在于自身当中的规律来运作的力量的直接观察。

故事能够带领人们走进别人的世界、别的时间和空间，了解、认识与自己截然不同的形象。听故事的人会在其中追寻自己的形象，但没有人会告诉他：“这与你形象相同。”我们多次听过、看过，甚至亲身经历过，这个阶段的孩子在我们观察的目光下发展出自己的力量和生命，他们不断地听母亲讲述最简单的故事，比如关于飞、筑巢、唱歌、照顾小鸟的故事，却还是一再请求母亲再讲一次。而那些我们想要了解和洞察其生活的少年，发生的情况也与此没有什么区别。“给我们讲讲故事吧！”总是听故事的孩子会多次对为他们讲故事的同伴说。“我知道的只有这些了，我已经给你们讲完了。我已经把这些故事给你们讲了两三次了。”“那么，再给我们讲一次吧！”于是同伴又把故事讲了一遍，而且听故事的孩子认真听着他嘴里说出的一字一句，仿佛自己从来没有听过一般。让充满活力的孩子接近讲故事的人的，并不是精神上要求安乐的欲望；让他们倾听、唤醒生命的故事的，也不是精神的怠惰。因为听故事的人对讲故事的人所讲的一切充满好奇，你们可以看到，真正讲故事的人是怎样激发出听故事的人身上内在的生命力的，也就是从自身内部出现的渴望自我提高的力量。这就表示，吸引孩子的不是五光十色的形态，故事对精神方面是有较大影响力的；于是，精神借此直接与更丰富的精神对话。这就是真正的讲故事的人所做的——开启了听故事的人的听觉和心灵，如同花朵为春天的阳光和五月的雨绽开；精神呼吸着精神，力量感受着力量，并将其吸收到自己身上。

讲故事是促使精神强健的精神淋浴，是精神和能力的学校，也是自我判断和自我感受的学校。因此，要讲出具有影响力的故事也不是一件容易的事。因为讲故事的人必须把他所讲述的生命完全接纳到自己身上，让它自由地存活和活动。他必须完整而真实地将其重现，却又必须使其高过生命，超越真实的世界。讲故事的人之所以能够成为真正讲故事的人，就是因为他们能够立于生命之上且了解生命、受到生命的激励。所以只有青少年和老人，以及与孩子共同生活、悉心照料孩子的母亲能把故事讲好。至于被生活捆住、受其制约的父亲，由于他们每天都要应付生活中的烦恼和需求、压迫和困苦，所以几乎没有父亲能够把故事讲好，也就是说他们讲的故事并不能使孩子们喜欢，也很难贴近孩子们的生活，并使其得到加强和提高。

年龄上只大了他们几岁的哥哥和姐姐，还不懂得生活的艰辛，还没有遭受生活的压迫，所以他们还处在生活之外；而立于生活之上且有着丰富阅历的、早已剥离生活的老茧或透过外壳能够看到其内心的爷爷，以及饱经风霜和生活的淬炼、忠实完成自己的任务并怀有一颗知足之心的长辈，他们都是喜欢听故事的孩子最爱的人。比起用言辞补充实际应用的附言和强调道德，孩子们更喜欢他们多谈谈生活和生活本身，谁知道，对于完全开启的心灵、受到激发而自我感觉到的生命，过去需要什么，现在又需要什么呢？我们给孩子讲的故事太少了，其中的角色只是一些木偶或是用棉花填充和雕刻而成的玩偶。一个优秀的讲故事的人是一份美好的礼物；喜欢他的故事的孩子们能够感受到幸福；他能够对孩子产生深远的影响，让孩子变得高尚，而且讲故事的人越是没有表露出这样的念头，就越能发挥自己的影响力。

我们要向真正讲故事的人致以崇高的敬意，心怀感激地向他伸出双手。然而他得到的敬意比我给予的敬意更加美好：看，欢迎他的是多么开心的表情、炯炯有神的眼睛和令人愉悦的喝彩。快乐、热情的孩子们在围绕着他，就像用鲜嫩花朵和枝丫制作的冠冕围绕着开心、欢乐的歌手。

不过这个阶段的孩子确实需要精神活动，特别是与身体活动一致的精神活动。而唤醒和激励的生命也应该立刻找到一个外部对象，以便能够表达并使自身固定下来。因此对这个阶段的孩子来说，听故事之于他们，就像他们从自己的角度去看与外部产生联系的作品。为了让故事产生特别的效果且给人留下深刻的印象，它应该与生活、经历和事件紧密相连。哪怕是邻居生活中一个最不起眼的现象引发的事件，现在也成了非常重要的事，它不仅关乎内在的平静和外部的幸福，更关乎其他许多人的生活。无论是在你的生命中，或是你所认识的人，或是你所遇到的那些令你开心的事物，都与你的日常生活息息相关。

瞧，每一个小孩都被真实的事情感动得不得了！他们聚精会神地听着，好像在争先恐后地抢着什么，把自己所学到的、能帮助他们提高和丰富自己的东西都记在心里。

郊游和踏青

对青少年来说，在大自然中的生活，比任何事物都重要得多，因为它对人具有发展、增强、提高和升华的作用。通过这样的生活，一切都被赋予了更高的意义。因此，郊游和踏青在儿童时期和求学初期就显得非常重要，而且其作为一种有益的教育和教学手段，应当受到高度重视。所以，倘若人应该实现自己的全部使命，应该使自己发展到在世上所能达到的最高境界，应该成为一个完美无缺、强健有力的统一体的话，他就应该感受、了解和认识到自己与自然是浑然一体的。为了使自身成为整体，必须及早培养这种整体的感觉，使其随着人的成长得到发展。他必须了解自然发展和人的发展、自然现象和人的形象之间的联系及其相互关系。比如发现对同一个人的不同印象，取决于来自自然的外部条件和人的内部条件。使人能够根据自然现象及其本质探索自然，并使自然在他看来慢慢成为它所应该成为的样子，即达到更高、更完善境界的向导。特别是在这个年龄段，所有远足和踏青都必须本着这样一种信念，并由它引导人对眼前的事物进行观察。所以，每一个孩子在远足的时候都会努力前进，以便迅速掌握一个大的整体。比起了解一个相对较大的（但肯定不是最大的）整体，探索个别事物得到的乐趣将更胜一筹。

这种远足和踏青，可以让孩子把自己居住的地方视为一个统一体，而且会把自然看成一个永恒的统一体。如果缺乏这种感受，踏青对孩子来说还能产生什么直接的精神上的益处呢？就像人把周围的空气视为自己的东西，并为了维持身体健康而呼吸新鲜的空气，他也应该把周围纯净的自然视为自己的东西，并让沉睡在其中的自然精神不断熏陶自己。

因此，儿童应该从真实的情况和原本的关联出发，正确看待和认识自然事物。他应当自己亲身体验，认真地去游览邻近的峡谷；再去看看周围的大小山谷；从头到尾，仔细检查每个河流的地理差别。他应当翻越群山，了解山脉的不同方向；他应当爬到那座最高的山的山顶，以观察这片地区的整体关联。

在野外的考察中，他可以了解地形、山谷的形状和构造以及河流的流向之间的关系。他应该从事物被创造出来的现场观察山地、平原、谷地、土壤和河流的产物。他可以在较低的地方看见鹅卵石，也可以在河床和平坦的地面上找到岩石。孩子们应该在踏青和远足中观察动植物的生活以及它们的栖息地，了解植物怎样吸收太阳的光和热，动物怎样寻找黑暗、阴凉、湿润的地方。他应该看到，寻求阴影的自然物怎样与产生阴影的自然物发生关联，也就是说，由阴影产生的寻求光和热的自然物是怎样与显露光和释放热的自然物发生联系的。

儿童在郊游时，应从各个角度来探究，认识到环境与养分对生物的影响，例如：毛毛虫、蝴蝶等，与其所处的环境中的植物有什么关联，与其他昆虫又有什么关系。

他应当认识到，这些外在的相似之处，是动物自我保护的一种方式，高等动物会自觉地利用这些相似之处来保护自己。比如鸟类，特别是金翅雀，它们会把自己的巢建造得与所在的树木和枝干几乎一模一样。甚至动物的活动时间和颜色表现也会与时间的特性保持一致，即受到太阳的作用、活动的影响。比如日间活动的蛾具有鲜艳的颜色，夜间活动的蛾则通常是灰色的，等等。

通过观察这些持续的、生动的自然物之间的相互关系，孩子们可以从直观的事实和自然的观察中看出并注意到大自然的伟大规律，这种想法最初是模糊不清的，后来也会逐渐地明朗起来。

对人类来说也是如此，首先是人类的生活、工作和职业，然后是人类的社会关系、性格、思想方式和行为方式，特别是人类的风俗习惯和语言，这一切都应该在旅行中以多方面的自然关联展露出来。但是，不管是在实际生活中还是在讨论中，这些问题都要放到孩子成长和教育的后期才能解决。

Chapter 6 /

特殊课程分支

孩子的
天性

数的知识

在对与人追求自我发展的努力具有直接、必然且不可分割的联系的教学工具，以及由此产生的教学方法进行考察之后，来自对少年、儿童的外界观察和语言练习，以及在数字、形状、讲话练习、书写和朗读等知识方面的要求，便清晰且明白地显现出来了。因为这里的每一个课题都是由之前的一般课题派生出来的特殊课程分支，所以必须描述其发生点。因为与之前所处理的基础和论述到某种程度的课题相比，这些教学和课程主题从性质来说出现得比较晚，所以要在对前者的介绍完全结束之后，才能开始对后者的考察和介绍。但是，以上这些问题都是在儿童时期的后半段进行的，因此，我们必须把对他们的特殊调查放在目前研究的问题之后。

对于数的发展、数字概念的实际印象与对象概念的拆解，以及计数能力至少要达到10或20，这些在前文都已经清楚地介绍过了，也多方练习了经过考察的东西。通过数的这种多方应用，可以让学生迅速感受到比较透彻、广泛、多方面的数的知识的必要性。这样一来，他们就会感受到数学研究的必要性以及其中深藏的乐趣，而且应该以一个特殊的课题期待得到学生们的欢迎，最起码应该让他们意识到，它是以之前的东西为基础并通过先前的东西表现其应用的，并且感受到（尽管只是隐约地感受到）这是人的精神的一种需求。

作为数量和大小的数，乍一看来与不同事物，特别是与自然事物具有共同的性质，即双重的形成特性：从外部通过积累，以及从内部通过生长、提高、膨胀而形成。就像数的形成方式与自然事物具有共同的性质一样，数的推移、消失、消除的性质也是如此。然而这种消除也显示双重性，一种是外部的损坏，一种是内部的分解。不过，一切存在形成和消失、增加和减少的地方，都会出现比较，而且不管是外部比较还是内部比较，都服从外部可见的和内在可感知到的规律的比较。所以数的常识可以分成三种：数的形成、数的消灭、数的比较。

以上所说的自然与数、数的规律和自然规律之间的内在关联，到现在已经表现得如此明白（自然的本质已经广为人知）、如此生动，以至于人无法忽略到处一再表现的自然规律；这是如此引人注目，以至于早在多年前，在人们按照自然和理性规律对数进行的考察和论述中，就已经强势地出现了“数的无机构成和有机构成、消失和比较”的说法。每个地方的课程，包括数学方面在内，不仅必须适应早在儿童时期便已经表现出来的对人的生活、思想和行为中的自然规律等多方面重复表现的预感，而且必须严格配合他对所有事物深刻、生动且必然的规律性的预感。

因此，这门课必须使学生注意到数的规律，并对其进行强调，以便让学生明确地意识到它。强调数的规律，从多方面进行生动的观察，与迅速理解和洞悉数的关系的练习同等重要，不能为了一方而忽视另一方。在这一阶段学生必须对数字达到的熟悉程度，相当于他能轻易地观察和联想到数的关系。

教学程序本身很容易在上述内容中产生，且能够轻易根据现在所熟悉的规律进行编排。特别是前人提出的数学方面的教学程序，已经得到了应有的普遍运用，在这里只谈以下几点。

（1）与先前所学的知识衔接

检验数的言语应用能力，从1数到20，顺着数、倒着数、连着数，或是有所省略地数和跳着数。

（2）把顺序理解成一种连续的统一体

教师："从1数到10，每念一个数就画一条线（单倍长度）。即念到1的时候画｜，念到2的时候画‖，以此类推，注意每一条线彼此都必须平行。"

1……｜

2……‖

3……‖｜

4……‖‖，等等。

教师："你们是这样数的吗？"

"刚刚是怎么数的呢？"

学生："我们从1数到10，而且每数一个数就对应地……"等等。

教师："非常好，大家已经表现了1到10每个数的自然顺序。"

强调、观察和理解言语与量和数之间的相互关系。

先从言语开始：

学生跟着教师按照写出来的顺序一起念道：

“1是|（一个1）

2是‖（两个1）

3是‖|（三个1），等等。”

从数或量开始：

学生跟着教师指着写出来的顺序一起念道：

“|（一个1）是1；

‖（两个1）是2；

‖|（三个1）是3；等等。”

语言与量互相融合，表现为同一的东西，或者说可以单纯地对数进行观察：

“|，1是1；

‖，2是2；

‖|，3是3；等等。”

像之前那样，学生和教师一起朗读。

（3）把数理解为奇数或偶数

教师和学生像平时那样，在观察事物时一起念道：

"|，1是一个奇数；

‖，2是一个偶数；

‖|，3是一个奇数。"

以此类推。

在这里只能提出奇数和偶数的概念，到后面才再进行详细讲解。

在这里让学生发现一条伟大的、用途广泛的自然和思想规律，那就是：在两种不同的事物和概念之间，总是会出现第三种事物，它会把前两者结合起来，并在两者中间保持一定的平衡，因此在奇数和偶数之间也会存在一个不属于双方之中任何一方的数；同理，在语言方面，元音和辅音之间出现了半元音；在形状方面，锐角和钝角之间出现了直角。一名善于思考的教师和受到鼓励要学会独立思考的学生，绝对不可以回避从各方面对这条和其他重要规律的注意。

“按照顺序把10以内的全部偶数表现出来，如此一来，当中奇数的位置就空出来了。”

‖

‖ ‖

‖ ‖ ‖，等等。

用相同的方式对待奇数。

等到所有学生都在自己的石板上写下数的顺序之后，教师就立刻将它们写在黑板上。学生在回答问题时，必须时时留意写在黑板上或是自己石板上的数字，也可以通过教师的指示，不断将自己的注意力拉回到这上面。

由这些练习通常会产生个别问题，比如：

‖ ‖（教师指着数本身提问）“4在偶数中排第几？”

‖ | ‖“5在奇数中排第几？”

“1到10中有多少个偶数？”

“1到10中有多少个奇数？”

“在1到10的自然顺序当中，是偶数比较多还是奇数比较多？”

“偶数为什么比奇数多？”

（4）通过外部添加的数的训练

“根据自然顺序给10以内的每个数都添上｜，并注意每次添加完成会得出什么结果。”教师进行示范并与学生一起朗读。

｜加｜是‖

‖加｜是‖｜，等等。

提出个别的问题……

教师：“倘若我根据自然顺序给10以内的每个数都加上｜，那么又会出现什么结果？”

学生：“会产生这些数的一个自然顺序，不过这次是从2到11。”

教师：“倘若你们给每个数都加上｜的话，那么会分别出现一个什么样的数？”

学生：“一个较大的数。”

教师和学生一起朗读："‖加|是‖|。"等等。

教师："倘若给某个偶数加|的话，会变成一个什么数？"

学生："一个奇数。"

教师："倘若根据自然顺序给每个偶数都加上|的话，又会出现什么结果呢？"

学生："会产生一个全是奇数的自然顺序。"

对于全是奇数的自然顺序，也可以用这个方法进行同样的练习与问答。提出并共同朗读这两种规律：在一个偶数上加上|就会出现一个奇数，在一个奇数上加上|就会出现一个偶数。

现在，我们要像之前一样继续加数，但是是在三种不同顺序的数上加上‖（教学程序按照之前那样进行）。提出并一起说出规律：倘若给某个数加上‖，就会产生该数后面的第二个数。倘若按照自然顺序给10以内的每个数加上‖的话，就会产生3至12的自然顺序。一个偶数加上‖会再次产生一个偶数。给10以内自然顺序的每个偶数全都加上‖的话，就会产生具有自然顺序的4到12的偶数，等等。

同理，还可以加上‖|或是‖‖。加上‖|会产生该数后面的第三个数，加上‖‖会产生该数后面的第四个数，等等。所以普遍的规则是：当我给某个数加进另一个数，所产生的数就是被加数所增添之数。“按照自然顺序给所有数增加下一个数会产生怎样的结果？请你们把结果写在自己的石板上。”

|加‖是‖|

‖加‖|是‖|‖

‖|加‖‖是‖‖‖|，等等。

教师与学生一起朗读并提出个别的问题，比如：“第三个数加第四个数会产生怎样的结果？或者产生的是第几个数？”规律是倘若给每个具有自然顺序的偶数都增加前一个数的话，就会产生从3到19的所有奇数的自然顺序。可以用同样方法观察偶数和奇数。师生就此规律进行提问并一起朗读下面的规律。

偶数加偶数结果还是偶数。

奇数加奇数结果却是偶数。

偶数加奇数只会产生奇数。

普遍规律：两个同类的数相加只能产生偶数；两个不同类型的数相加只能产生奇数。10以内一切偶数的自然顺序的每一个数加上下一个偶数，会产生以4不断递增的从6到18的偶数系列。10以内一切奇数的自然顺序的每一个数加上下一个奇数，会产生以4不断递增的从8到16的偶数系列。

在此之前练习的都是两数相加，现在我们要让三个或更多的数相加。比如：

‖、‖、|的和是多少？

这里从较小的数开始，而且总数一开始不要超过30。在此提问和按之前的方法在石板上的自行演练是非常重要的。从学生的表现中也可以得出证明。

自然顺序当中：

前两个数相加，

前三个数相加，

前四个数相加，等等，是非常重要的。

现在教师与学生一起朗读并提出各种问题：

"前两个数相加的和是多少？"

"前三个数相加的和是多少？"；等等。

"从1到10所有数相加是多少？"

"10以内所有偶数相加是多少？"

"10以内所有奇数相加是多少？"

下面的问题也非常重要：

"1到10的自然顺序当中，第一个数和最后一个数相加是多少？"

"第二个数和倒数第二个数相加是多少？"

"第三个数和倒数第三个数相加是多少？"；等等。

"上述两种情况下的总和是多少？"

以同样的方式练习偶数系列和奇数系列。

一般规律：递增顺序两端的距离相等的任意两个数之和，始终相等。

（5）考察复合单位

“请在你们的石板上写出1到10的自然顺序。”教师同样将它们写在黑板上。教师一边讲话一边指着黑板让学生们看：

| 一个1是1；

‖ 作为整体来说，两个1是2；

‖ | 作为整体来说，三个1是3；等等。

“被视为密不可分的整体的东西叫作单位。”教师说一句，学生跟着重复一句：

| 1是一个单纯的单位；

‖ 2是一个复合单位；

‖ | 3是一个复合单位，等等。

“请你们在自己的板子上画出几个2。”

“请你们在自己的板子上画出几个4。”等等。

“请你们在自己的板子上画出一个2到十个2之间所有2的自然顺序。”

“大家能不能表示出3或4的自然顺序呢？”教师和学生一起念：

‖，一个2不是2的偶数倍或奇数倍；

‖ ‖，两个2是2的偶数倍；

‖ ‖ ‖，三个2是2的奇数倍；等等。

复合单位的处理方式与单纯单位的处理方式一模一样；不过从理解方面来说，特别是对概括能力较差的学生来说，这种复合单位的放大倍数最好给得大一些。

这种练习是非常重要的，特别是从数和自然之间的关系以及其他数的关系角度来认识数本身的内在规律。

（6）通过各种形式表示数

教师：“你们当中有没有人能够用不同的方式来表示2？谁可以这样做就请过来试试看。”

“要怎么表示2呢？”

学生：“通过两个1(｜｜）或者通过一个2(‖）来表现。”

教师：“我们能不能用不同方式来表示3呢？”

“请将它的各种形式表示出来。”

“可以用哪些方式来表示4呢？”

“通过‖‖，‖｜与｜，‖与‖，｜｜｜｜，也就是通过一个4、3与1、两个2，四个1等来表现。”

对于年纪比较小或是理解能力较差的学生来说，这种练习最多安排到7。

特别重要的是探索并发现每个数所表示的一切形式的规律。尽管大家只要切实地遵循各种形式本身发展时所处和所依据的过程，就可以轻易地使这条规律自行表现出来，不过由于这个规律需要多方的归纳和较广泛的观察，如果没有非常优异的学生来经历这个教学程序的话，对这个规律的探索，从其性质来说，就需要留到数的观察的下一阶段进行了。

（7）从外部减少和减除数

这种方式与从外部造数非常类似，其实都是用相反的方式，从相反方向提取对应的规则，了解方式也是相反的。

（8）从内部、按照内在规律来造数，或是按照另一个数的规律来造数，或是通过内部相乘达到造数的目的。

“请在自己的板子上写出1至10的自然顺序，并且把每个数本身都视为像1一样的一个单位，再看看会产生怎样的结果。”

学生写出：

| · | · | ·

‖ · | · ‖ ·

‖ | · | · ‖ | · ；等等。

现在教师与学生一起朗诵：

"1有一个单位。

把 | 按 | 所包含的单位计，会得出 | ；

把 ‖ 按 | 所包含的单位计，会得出 ‖ ；

把 ‖ | 按 | 所包含的单位计，会得出 ‖ | ；……。"

或者换一种不同的说法：

"| 根据 | 的规律，会得出 | ；

‖ 根据 | 的规律，会得出 ‖ ；

‖ | 根据 | 的规律，会得出 ‖ | ；……。"

再换一种说法：

"|根据|的定律与|相乘，会得出|；
‖根据|的定律与|相乘，会得出‖；
‖|根据|的定律与|相乘，会得出‖|；……。"

还有一种说法：

"|按|次计，等于|；
‖按|次计，等于‖；
‖|按|次计，等于‖|；……。"

第五种说法：

"|的|倍等于|；
‖的|倍等于‖；
‖|的|倍等于‖|；……。"

最后一种说法：

"|×|=|；
‖×|=‖；

‖｜×｜=‖｜；……。”

“请再一次在自己的板子上写出1至10的自然顺序，并把各个数都像1一样视为一个单位，看看会产生什么结果。”

这又可以用之前提到过的一种或几种方法进行表现。就像在这里和之前提到的场合那样选用‖、‖｜或以上的数进行练习，并以之前提到的一种或多种方法来表现。

之所以用几种不同的方法去表现，是为了让学生明白“相乘”一词的内在意义，认识到这件事是以另一个数的内在界定作为前提的。

“首先，把‖作为乘积，而把一切数的自然顺序中包含的每个数视为一个单位；接着，把自然顺序中的每个数作为乘积，而把‖视为一个单位；看看在这两种情况下会产生什么结果，并把结果进行比较。”

学生写的是：

第一种情况：

｜乘以‖是‖（2）（1的2倍等于2）

‖乘以‖是‖‖(4)(2的2倍等于4)

‖|乘以‖是‖‖‖(6)(3的2倍等于6)

‖‖乘以‖是‖‖‖‖(8)(4的2倍等于8)

第二种情况：

‖乘以|是‖(2)(2的1倍等于2)

‖乘以‖是‖‖(4)(2的2倍等于4)

‖乘以‖|是‖‖‖(6)(2的3倍等于6)

‖乘以‖‖是‖‖‖‖(8)(2的4倍等于8)

教师有时从一个系列中提出各种各样的问题，有时又从同一条线上的两个系列进行提问。

教师："7乘以2和2乘以7分别是多少？"

"14的两种构成法有什么不同之处？"

我们还可以比较3和4的各种不同乘法的一系列结果。下面我们从各个方面提出一些特别的问题。

教师："6的9倍是1的几倍？""倘若把1视为一个单位，那么照此计算自然顺序的各个数，会产生什么结果？”

学生：“就会得到各个数字本身。”

教师：“倘若把2视为一个单位来计算各个数的话，会产生怎样的结果呢？”

学生：“会得到一个偶数。”

教师：“倘若把4视为一个单位来计算各个数的话，会产生怎样的结果呢？”

学生：“会得到一个偶数。”

教师：“2和4是什么数？”

学生：“偶数。”

教师：“如此一来你们发现了什么规律呢？”

学生：“不管是什么数，只要乘以偶数，得到的肯定也是一个偶数。”

教师：“把每个数乘以3或5，会产生什么结果？”

学生：“得出的数可能是偶数，也可能是奇数。”

教师：“这样的话，我们发现的规律就是——”

学生：“自然顺序当中的任何数与奇数相乘，得到的数可能是奇数，也可能是偶数。”

因此，可以推导出下面的规律：

偶数乘以偶数或奇数都能得到偶数。

奇数乘以偶数得到的始终是偶数。

奇数乘以奇数得到的始终是奇数。

（9）自乘数或平方数

“在自己的板子上写出1至10范围内所有数的自然顺序；把每个数与其自身的单位乘一遍，看看结果如何。”

教师与学生一同朗诵。

| 乘以 | 是 | （1），

‖ 乘以 ‖ 是 ‖ ‖（4），

‖ | 乘以 ‖ | 是 ‖ ‖ ‖ ‖ | （9），等等。

教师：“我们刚刚做了什么？”

学生：“把每个数与它本身的单位相乘了。”

教师：“还可以怎么说？”

学生：“把每个数按它本身的规律扩大了。”

教师：“当我们使一个数遵循它本身的规律，或是通过本身扩大以后，产生的数就叫作自乘数或平方数。”

提出各种问题："这个数或那个数的平方数是什么？"

"这个数或那个数，比如64，是谁的自乘数或平方数呢？"

教师："每一个数都能与平方数相乘吗？"

学生："是的，比如5与9相乘。"

教师："平方数能不能和平方数相乘呢？"

学生："可以，比如9与4相乘。"

接下来的练习可以以事实本身为基础来推导。

每个数在重复过程中形成各种组合形式的表现，或是每个数通过各数相乘形成不同方式的表现。

教师："你们试一试，通过乘法得到 ‖ 的方式有哪些？"

学生："有两种方法，一种是把 ‖ 乘以一倍，另一种就是把 | 乘以两倍。"

教师："把10以内的各个数的自然顺序，通过重复或相乘所采取的各种方式写在你们的板子上，并看看可以从中发现什么。任何数通过重复采取的方式是同样多的吗？”

学生：“不是！有些数，比如1、2、3等，通过重复或乘法采取的方式只有两种。”

教师：“它们是通过哪两种方式产生的？”

学生：“通过该单位数和1相乘的规律，或是1和该单位数相乘的规律。”

教师：“只能通过这两种方式以数的相乘或重复产生的数，叫作基数。

“基数是什么？

“请说出30以内所有的基数。

“10以内有多少个基数？20以内呢？

“30以内有哪些数可以通过重复以不同的方式加以表示呢？”

对于这个年龄段以及这个成长阶段的孩子来说，只能引导他们按照内部规律或通过外部形式对数进行比较。至于怎样看待数的比例关系，则需要以对数更广泛的统观和概括能力为前提，这是属于儿童发展的下一个阶段的事，而这一发展阶段也是以此作为标志的。

形状的知识

像我们在前面说过的那样，仅仅是通过对外界的观察和语言练习，就能够促成对形状的观察和认识。然而外界事物却表现得纷繁复杂，所以很难加以观察，特别是不容易对其进行界定，使得事物本身需要慢慢变成简单的形状和形体，向着受到简单的平面的等角和直角所框限的东西下降。

不过，所有形状的知识归根结底都来自与直线有关的知识，特别是各种形状都通过直线这一媒介被观察和认识。因此，在对事物进行观察和考察时，会根据其方向本身，忽略曲线的事物，优先对以直线为基础的事物进行观察。比如，火炉的表面、墨水瓶的边缘、时钟的玻璃面都是曲线的；而门扇和窗扇、窗的横档、窗框和镜框等都是平面和直线的。

接下来要根据事物相互之间的位置和方向对它们以及它们的局部和轮廓进行观察，比如两扇长的窗户和两扇短的窗户是相互平行的，一扇长的窗户和一扇短的窗户是相互垂直的，而镜框的一条长边和一条短边也是如此，对合的两扇窗的横档也是平行的。

之后按照桌子的不同平面、桌脚和椅脚、棱和角等的位置、方向、数、接合情况进行观察。还可以观察房间，从它的位置、形状、墙壁的形状和方向、边和角等方面进行观察。

就这样，从观察平面的、复合的东西，向观察平面的、简单的东西过渡，再过渡到观察立方形的、柱状的、板状的和锥状的物体等。因此，当学生通过观察平面和物体的轮廓，发现事物当中的直线关系，并进一步通过观察了解到直线构成各种轮廓和形状所依据的线条，即形成形状的网时，那么学生心中就会发展出观察线条和线条关系的欲望。于是少年便发展到一个新的阶段，即进行真正形状知识的教学阶段，首先是想要在一个平面上对形状进行观察和认识的阶段。

在一个平面上，直线所形成的形状，从对个别线条的观察开始，这些线条是不联系的或不结合的，根据其位置和方向来看，可以分为平行、同方向和不平行的，不平行的还可以分成直角的和斜角的；同时可以探索线条的数量、位置和方向是怎样互相制约的；接着是相互连接或结合的线条，第一，是一般地观察这些线条是否能够连接以及在什么程度上连接；第二，是结合点的数量；第三，是关于端点的位置与线的结合点之间的关系，即看端点是在结合点之上还是之外；再者，对不同且相交线在结合点的直接产物进行观察，根据数量及其与线条和结合点的关系来观察角的位置和形状；接下来，从线条所处的空间关系，观察空间本身及其形状、线条的数量，特别是位置所决定的形状；然后是由角的数量、形状和位置所决定的形状。

之前只观察了个别封闭的空间和塑造的平面，现在要将它们联系起来一并观察，首先要与线联系起来，接着是角，最后是平面。必须在平面和平面的结合，同类和同名的及不同类型不同名的平面的结合，或者只由点或由在线（边）上结合或在面上、平面所分割的平面上进行观察。

观察的目标和结果是：几个名称相同、种类却不同的平面，比如几个正方形和正三角形（等边三角形）结合为一个形状，该形状又是等边的，即结合成与正方形和正三角形不同的第三种等边的形状。比如三个正方形彼此重合，通过各自的角构成一个十二边形。同样地，四个正三角形通过各自的角可以构成一个十二边形。因此十二边形是正方形和正三角形结合而成的形状。

至于深入这部分教学的内部，促使这些观察清楚地表现出来，并从各个侧面，特别是从数及其规律以独特的形态详细阐述十分独特的生动的整体规律，则是本书篇幅所不容许的，特别是因为缺少图标说明（图标说明并不属于本书的目标范围）。至于这个教学程序的重点，尤其是空间知识的性质，会在少年和学生教育阶段进行补充说明。

这里还需要强调的是，这个儿童发展阶段的形状知识课，与其过早地要求离开形状去观察真理，不如直接停留在对形状方面多次重复的表现和实际事物的观察上。在此阶段对于太过复杂的联结以及较复杂的结论推导也必须予以避免。虽然各种比例应该简单，但要尽量观察多种形状和易于理解的联结。另外，对并行线的观察，应该从形状出发，自由地发展。

阅读

阅读活动与书写活动是完全相反的。书写和阅读如同给予和索取一般，是相互对立的；而且就像索取要以给予为前提一般，严格地说，倘若之前没有真正给予过，就不可能进行丝毫的索取。更别说索取，原本就是难以理解的，而且让人很难接受、使用和掌握。因此从这个方面来说，就现在个别的情况下，阅读必然比书写开始得晚。

课程和教程于事情的本质而产生，而且是易于认识且易于表示的；因为儿童其实是可以按照与单词有关的从属于该单词的最基本的概念来阅读的。儿童至今写过的所有词汇，特别是后来把自己想过或看过的那些词写下来的时候，就是阅读与这些词进行的第二种密切的活动。在一般意义和教学意义上的阅读，即对我们的书写体和印刷体的词的阅读，是十分容易完成的。过去花费一年以上还不能掌握，甚至成为儿童负担的东西，现在他们只需几天就能轻松完成。

最重要的一点是，认识具有与现在被用于书写的大写罗马字母同等价值的印刷体字母。然而，只是将二者在外部并列起来，比如认为i=I，o=O，或者u=U等，是远远不够的。更加重要的是说明一种字母的主要笔画是怎样包含在另一种字母当中的，我们的小写印刷体字母是怎样从大写拉丁字母产生出来的，只要稍加注意就能够轻易看出它们之间的关联。

在接下来学习阅读的过程中，可以使用各种教科书，这是十分必要的。

处于总体发展阶段的孩子，通过阅读课必须达到的一点是，可以明确且纯正地用正确掌握的词汇开展阅读，他应该标示并牢记各种不同的发音间歇来表示不同的停顿。这样一来，儿童就能够发展到掌握他人的想法，并通过他人的所思所感来检验自己思考和感受的东西，从而使自己提高到既受人类本质影响，又受个人本质影响的发展和训练阶段。至于更高程度的东西，即作图和绘画的阅读，就要根据其性质，交给后面的发展阶段去实现了。

结论

到这里，我们已经简要地讨论了人类从最初的存在和生存状态，经历形成、表现，直至达到本质发展的各个阶段和条件。同时，我们也被展示了一个生动的内在联系图景，它基于必然的相互作用和自然的分化，以及其在整个发展过程中的关键作用。人类正是通过这些过程，才能并应当在满足时代需求的同时，根据人的统一体本质实现自身的成长——如果完善自我被视为人类的终极目标。

当我们回顾并总结我们所了解和讨论的一切时，可以发现儿童生活中许多现象并不遵循特定的路径。例如，研究颜色并不是为了成为画家，学习音乐和歌曲也不必然是为了成为音乐家。这些学习活动的主要目标是促进儿童的全面发展，让他们能够展现自己的本质。更广泛地说，这些努力是必要的精神滋养，是精神的呼吸和生存空间，能够扩展他们的力量和强度。因为这种精神素质具有不可抗拒的必然性，它以丰富多样的形式表现自己，并且在多样化的活动中得到体现。

因此，我们必须认识到，我们可能过度干预了孩子的天性，压抑了他们在成长过程中自然出现的多种精神倾向，甚至可能切断了这些倾向，转而强加给他们其他倾向，错误地认为这是为了人类未来，尤其是孩子们自己的幸福做出的贡献。因此，我们必须重视人的精神和真正的人性，特别是儿童的精神和个性发展，这应成为教育的核心。我们还应该相信，任何通过教育成为真正人的人，也将能够适应国民和社会生活中的各种特定要求和需求。

我们可能会说："这些话说得很好，但是对我们的孩子而言已经没有用了，或者说已经来不及、没必要了，因为他们已经发展到少年儿童时期的最后阶段了。他们怎么理解这种普遍且基本的课呢？他们现在要接受的是个别的课程，能够直接对自己未来的职业起作用且让自己有所收获的教育。因为他们马上就要进入公民生活的时期，必须思考怎样赚取维持生计的面包和财物，或是帮助我们做生意的时期就要到了。"

这番话说得也没错，对于孩子们尚未学到的东西来说，他们的年龄确实已经太大了。但是，我们为何没有为曾经是儿童、少年的他们提供满足精神需求的东西呢？难道他们不应该得到让他们终生受益的教养和教育吗？我们可能还会说："等到孩子成年以后，他们就有能力弥补这一切，就有时间去做这些事了。"

我们可真愚蠢啊！如果我们能够倾听内心的声音，并参透当中的重要性，那么当我们说出上面这番话的时候，我们的内心就会表示反对。虽然有些事情是能够进行弥补的（但是本文不对此加以界定），但是在童年时期、在人的教育和发展期间所耽搁和忽略的事情，却是无法弥补的。难道我们作为父亲、母亲，根本不想坦承，这种难以疗愈、终其一生都在淌血的伤痕，或是我们内心已结痂却再也没办法使其软化的部分，或是灵魂中消除了高尚人性尊严的思想已经变成我们内心暗沉的黑斑，永远都不可能重现光泽了？难道我们不想看到儿童时期的人心中被压抑、摧残乃至扼杀的所有幼苗出现在自己心中吗？难道即使是为了孩子的幸福，我们也不愿意承认、重视吗？

我们现在拥有重要的职位、稳定的职业、收益可观的事业、幸福的生活，难道这些就能消除我们在独自面对自己的时候，心头涌动的自己内部缺乏教养和破碎状态带给我们的痛苦吗？难道这大部分产生于自己儿时教育的不充分和不完善的感觉能够消失吗？

因此，倘若我们想让自己的孩子在某一天成为杰出的、完整的人，那么即使他们的少年儿童时期只剩三分之一乃至四分之一，但他们现在却还没有学会也没有培养出身为少年儿童所应该学会和获得的东西的话，就一定要追溯到儿童期和少年期，至少还有可能不至于耽误所做的事情，还有可能对过去的缺失进行弥补。

虽然如此一来，我们的孩子需要晚一年或几年实现目标，但与其实现一个假目标，完成一个真正的目标难道不是更好和好得多吗？我们对真正实际生活的要求知之甚少，却想成为一个熟悉生活的人？我们对于大家都显而易见的事情知之甚少，在特别关键的时候算得这么差，却还想成为实业家和懂得理财的人？我们夸耀自己有着丰富的人生阅历，却在展示自己能获得的果实之时，发现它们少得可怜。

我们不肯回顾和反省自己的少年时期，原本我们能够从中学到很多东西来帮助自己的孩子。倘若大家在自己和孩子身上，无法实现人类在少年儿童时期精神上的一切要求的话，倘若大家无法为自己和孩子提供这一切的话，就不可能找到自己期待的心灵在人生最幸福、最快乐的时光充实的东西，以及自己的心灵在生命最高尚的时刻带着长远、深刻和渴望的叹息所要求的东西，也无法达到人类最高贵的心灵，无论现在和过去都充溢的东西。

现在，让我们回顾一下，通过前文讨论的先进教育和教学方法，人类已经达到了哪些阶段并实现了哪些目标。特别值得一提的是，儿童已经发展出了对自己独立精神自我和本质的初步感知。他们开始意识到自己是一个具有精神统一性的存在。在儿童身上，已经激发出了一种既统一又多样化的能力，他们开始有能力根据其本质的多样性和统一性，通过多样化的方式表现自我的个性特征。

因此，我们观察到，人们，尤其是儿童，为了实现自己的使命和天职，为了追求最崇高和最重要的目标，已经开始了探索之旅。在这一过程中，他们已经开始展现自己的本质。如今，这种能力已经转化为一种把握性、一种自觉的认识、一种观点和思想，以及一种能够自由塑造生命的力量。从儿童时期开始，他们就投入到了与个人发展和教育阶段相匹配的未来生活中。

我们接下来的工作，将致力于阐释实现这些目标的方法和途径，并确保这些理念在实际生活和现实中得以实施。在创作本书的过程中，我们团队迎来了与本书主题相契合年龄段的孩子们，他们充满活力的精神、快乐的心态、愉悦的情感和美好的生活体验，为本书的创作提供了灵感。在写作期间，大多数孩子都在我们周围，他们不知疲倦地玩耍，不断寻求新的活动和满足本能需求的机会，从而自由地塑造自己的个性。我们周围充满了这样的孩子。如果本书需要证明其真实性，那么这些孩子就是最好的证明，他们不仅证实了我们所写的内容的真实性，也激励我们继续创作真实、有价值的作品。